Eva Maria Kohl, Michael Ritter

Schreibszenarien
Wege zum kreativen Schreiben in der Grundschule

Klett | Kallmeyer

Bibliografische Information der Deutschen Nationalbibliothek
Die Deutsche Nationalbibliothek verzeichnet diese Publikation in der Deutschen Nationalbibliografie;
detaillierte bibliografische Daten sind im Internet über http://dnb.d-nb.de abrufbar.

Impressum

Eva Maria Kohl, Michael Ritter
Schreibszenarien
Wege zum kreativen Schreiben in der Grundschule

1. Auflage 2010

Das Werk und seine Teile sind urheberrechtlich geschützt. Jede Nutzung in anderen
als den gesetzlich zugelassenen Fällen bedarf der vorherigen schriftlichen Einwilligung
des Verlages. Hinweis zu § 52 a UrhG: Weder das Werk noch seine Teile dürfen
ohne eine solche Einwilligung eingescannt und in ein Netzwerk eingestellt werden.
Dies gilt auch für Intranets von Schulen und sonstigen Bildungseinrichtungen.
Fotomechanische oder andere Wiedergabeverfahren nur mit Genehmigung des Verlages.

© 2010. Kallmeyer in Verbindung mit Klett
Friedrich Verlag GmbH
D-30926 Seelze-Velber
Alle Rechte vorbehalten.
www.friedrich-verlag.de

Redaktion: Stefan Hellriegel, Berlin
Fotos: Eva Maria Kohl, Michael Ritter; ferner Dorothea Ferrari (S. 24/1),
Stefan Hellriegel (S. 24/3, 47), Gabriela Holzmann (S. 24/2+4)
Realisation: Bock Mediengestaltung, Hannover
Druck: Kessler Druck + Medien GmbH & Co. KG, Bobingen
Printed in Germany

ISBN: 978-3-7800-1050-6

Nicht in allen Fällen war es uns möglich, den Rechteinhaber ausfindig zu machen. Berechtigte
Ansprüche werden selbstverständlich im Rahmen der üblichen Vereinbarungen abgegolten.

Eva Maria Kohl, Michael Ritter

Schreibszenarien

Wege zum kreativen Schreiben in der Grundschule

Klett | Kallmeyer

Einleitung 6

I. Das ABC des kreativen Schreibens 9

Neue Wege der Schreibdidaktik 10
Schreibspielräume eröffnen 14
Eine neue Sicht auf das Schreiben birgt einen neuen Anspruch an den Text 17

II. Schreibszenarien. 21 Beispiele 21

Vom Bild zum Text 22
1. Schriftbilder 23
2. Die Schrift der Pharaonen 27
3. Vor und hinter der Tür 30

Mit Sprache spielen 35
4. Anagramm. Ein Spiel mit den Buchstaben 37
5. Unterwegs 41
6. Zaubersprüche. Wenn Sprache Wirkung zeigt 47

Geschichtengrammatik 52
7. Serviettenmärchen 54
8. Geschichten vom Deichschaf 60
9. Das Fünf-Sätze-Märchen 64

Die Verwandlung der Dinge 71
10. Knopfmärchen 72
11. Steine – Versteinerungen 77
12. Das Lexikon der Federtiere 82

Literarische Anregungen 86
13. Mutmachgeschichten 87
14. Eins, zwei, drei – Tierverse 90
15. Große Fragen. Bilderbücher, die zum Nachdenken anregen 94
16. Gespensterbriefe 102
17. Die Bibliothek des Raben 107

Der Ort der Geschichten 112
18. Geschichten aus der Dose 114
19. Wiesengeschichten 117
20. Geschichten in der Hosentasche 124
21. Geschichtenhäuser 127

III. Kindertexte lesen. Ein neuer Blick auf die freien Texte der Kinder 131

Acht Lesarten zu acht verschiedenen Kindertexten 133
Zum Abschluss 142

Anmerkungen 143

Einleitung

Der Titel des Buches mag verwundern. Schreibszenarien für Kinder sollen vorgestellt werden. Ein Szenarium, so weist der *Duden* aus, ist das ältere Wort für „Szenar" und bedeutet so viel wie die Angabe über die einzelnen Szenenfolgen, über die erforderlichen Requisiten, das Fallen des Vorhangs auf der Theaterbühne und so weiter.

Was für ein Geschehen soll hier wie arrangiert werden und auf welcher Bühne soll das stattfinden? Der Untertitel gibt an, dass es darum geht, Grundschulkindern Wege zum eigenen kreativen Schreiben zu eröffnen. Die Bühne für dieses anspruchsvolle Vorhaben ist die Schule selbst, ist der ganz normale Unterricht, in dem pädagogische Inszenierungen für die Initiierung von kreativen Schreibprozessen ihren Platz haben sollten.

Eine Inszenierung im Theaterraum bedarf heute einer sehr engen, wechselvollen Zusammenarbeit von Schauspielern, Regisseur und Zuschauern. Das Stück wird nicht mehr „vom Blatt gespielt", es ist vielmehr ein Angebot. Eine Idee, ein Material wird zur Verfügung gestellt, und Schauspieler und Zuschauer spielen mit dem Erkennen und Verwerfen von Sinngehalten und Bedeutungen von dem, was sich auf der Bühne zeigt.[1]

Kann eine Lehrerin auch so etwas wie eine Regisseurin und zugleich Inspizientin einer pädagogischen Aufführung werden? Welches Stück wird hier gespielt? Wer sind die Zuschauer?

Der Versuch, das Geschehen auf einer Theaterbühne mit dem Unterrichtsgeschehen in einer Schule zu vergleichen, muss wohl ein wenig erklärt werden.

Kinder lernen in der Schule seit jeher die existenziell notwendigen Kulturtechniken Lesen und Schreiben. Das Hineinwachsen in die Schriftkultur geschieht am besten dadurch, dass sie viel und möglichst gern schreiben und am Ende hoffentlich auch normgerecht. Dafür muss der Unterricht die Bedingungen schaffen. Offene Lernformen, projektorientierter und Werkstattunterricht bieten dafür heute viel bessere Rahmenbedingungen als der alte Frontalunterricht. Die neuere Schreibdidaktik wird immer mehr eine Schreibdidaktik vom Kinde aus, sie braucht den alten Aufsatz nicht mehr und nutzt stattdessen die didaktischen Konzepte des freien und kreativen Schreibens.

Schriftkundige Kinder haben früher nur gelernt abzuschreiben und aufzuschreiben und hier und da auch zu beschreiben. Aber Schriftbeherrschung erschöpft sich nicht nur im Aufschreiben und Abschreiben, sondern kann zum Medium der Artikulation von eigenen Gedanken, Gefühlen, Fantasien und Fiktionen werden.

In diesem Buch wird der Blick nicht in erster Linie auf den wichtigen Lernvorgang gerichtet, der Kinder zu mündigen, die Schrift nutzenden und damit am gesellschaftlichen Leben teilhabenden Wesen macht. Schreiben wird in seiner Bedeutung als ästhetische Tätigkeit gesehen, und damit wird der Blick auf die Schreibprozesse der Kinder enorm erweitert.

Schreiben als ästhetische Tätigkeit und nicht nur als Beherrschung einer Kulturtechnik hat das Ziel, einen produktiven Blick auf die Wirklichkeit und sich selbst zu ermöglichen. Als Raum für ästhetische Tätigkeiten werden in der Schule üblicherweise nur die künstlerischen Fächer wie Musik und Gestalten und eventuell noch Sport gesehen. Hier können die Kinder ihre sinnlichen Erfahrungen, ihre Leiblichkeit erleben und ausdrücken. Hier dürfen sie zweckfrei spielen und trotzdem dabei etwas lernen. Kunstsinn und Kunstverstand entwickeln sich aber genauso im Deutschunterricht, wenn die literarästhetischen Aspekte genügend ernst genommen und gefördert werden.

Im Begriff des „Schreibspielraumes", der bereits in früheren Publikationen[2] eingeführt wurde, ist dieser wichtige Ansatz enthalten. Der Begriff „Schreibszenarien" knüpft unmittelbar daran an. Als Szenarium verstehen wir all das, was bei der Anregung kindlicher Schreibprozesse im pädagogischen Raum bedacht und ein Stück weit auch geplant werden muss. Insofern ist die Lehrerin tatsächlich so etwas wie eine Regisseurin und Inspizientin für ein ablaufendes Geschehen. Sie muss im Vorfeld die Materialien suchen und bereitstellen, die als Schreibimpulse gebraucht werden. Sie hat über die nötige Zeit zu wachen, die zum Schreiben zur Verfügung steht. Sie hat den Raum „abzudichten", das heißt, sie muss den Übergang vom Alltag in die besondere Welt der Fantasien und Fiktionen organisieren und eine besondere Atmosphäre schaffen, die die Imaginationskraft der Kinder herausfordert und stärkt.

Die „Aufführung" ist das Schreiben selbst. Oder, um noch einmal den Vergleich mit den Praktiken des Inszenierens im Theater zu gebrauchen: Der Schreibvorgang der Kinder ist die Aufführung der von der Lehrerin und den Kindern bearbeiteten und in den Schreibszenarien bereitgestellten Intentionen.

Es ist ein experimenteller, handwerklicher, sinnlicher und damit gestalterischer Prozess. Die Kinder suchen und sammeln Wörter mit den Augen, den Ohren, der Nase, den tastenden Händen ein. Sie experimentieren mit dem Wortmaterial, werden selbst zu Wortschöpfern und bauen schließlich die Wörter zu Sätzen und die Sätze zu einer Handlung zusammen, die, auf das Papier gebracht, nun auch von anderen gelesen werden kann. Die anderen, das sind die Zuschauer des Schreibtheaters! Das gespielte Stück sind die selbstgeschriebenen Geschichten, Rätsel, Verse, Briefe, die Märchen der Kinder. Es sind ihre eigenen, fantasievollen Erfindungen, die sich im Medium der Sprache artikuliert haben.

Die im Buch vorgestellten insgesamt 21 Schreibszenarien bieten Schreibideen, die manchmal schon in einer Doppelstunde realisiert werden können. Sie wurden, je nach Art der Inszenierung des Schreibens, in sechs große Kapitel eingeteilt. Vom Spiel mit der Sprache über Schriftbilder, Baumuster für 5-Sätze-Geschichten und geeignete literarische Anregungen bis hin zum Aufspüren des Ortes, an dem die Geschichten aufgeweckt werden können, reicht das Repertoire der Schreibszenarien. In jedem Kapitel finden sich mindestens drei Ideen für das kreative Schreiben. Jeder dieser Vorschläge wird nach einem festen Muster aufbereitet vorgestellt, um die Umsetzung zu erleichtern. Am Anfang stehen unter der Überschrift „Thema und Intention" einige allgemeine Überlegungen zum Schreibimpuls und zu seiner Bedeutung für die schreibenden Kinder. Der Abschnitt „Einstieg" bietet Vorschläge für den Beginn der Arbeit mit den

Einleitung

Kindern. Unter „Schreibanregung" wird der konkrete Impuls für das kreative Schreiben vorgestellt, der den Kindern Wege zum eigenen Text finden helfen soll. Manchen Kapiteln sind Beobachtungen beigefügt, die sich in der Arbeit mit den Schreibanlässen ergeben haben. Beispiele, also entstandene Kinderarbeiten, illustrieren die didaktisch-methodischen Hinweise. Ein Kasten mit organisatorischen Hinweisen informiert rasch über wichtige Eckdaten, zum Beispiel die empfohlene Klassenstufe, benötigte Materialien oder den Zeitaufwand der Realisierung.

Allem vorangestellt ist ein ABC des kreativen Schreibens, das die wichtigsten Rahmenbedingungen solcher kreativen Schreibprozesse bei Kindern erläutert und kommentiert. Abgeschlossen wird das Buch mit einem etwas anderen Blick auf die entstandenen Texte der Kinder. Wir nennen das vorsichtig „Lesarten".

Alle Schreibszenarien sind von uns mit Kindern im Grundschulalter ausprobiert worden. Sie haben immer zu Ergebnissen geführt, die Akteure und Zuschauer staunen ließen.

Auch jene Kinder, die eigentlich Schreiben nicht als ihre Lieblingsbeschäftigung nennen würden, haben sich den spielerischen Entdeckungsfahrten, den Abenteuern im Reich der Imaginationen nicht entziehen können und mitgemacht; zum Teil mit verblüffenden Ergebnissen.

Entdeckt wurde die eigene Sprachmächtigkeit, der eigene, ganz individuelle Text, der gleichzeitig – und das ist das besondere Potenzial dieser Schreibszenarien – im Kontext aller schreibenden Kinder stand und steht. Schreibszenarien stiften eine literarische Geselligkeit, die unter dem Dach der Schule sehr gut aufgehoben ist. Die Welt draußen schaut nicht nur durch die Fenster herein, sie spielt in den Texten der Kinder immer schon mit.

I. Das ABC des kreativen Schreibens

I. Das ABC des kreativen Schreibens

Ich bin ein kleiner Grashalm auf einer großen Wiese. Jeden Tag strahlt die Sonne über mir und mein Tag beginnt. Es summen Bienen um mich rum, es laufen Ameisen hin und her. Käfer knabbern an mir herum.
Bricht mich jemand ab, bin ich kein kleiner Grashalm mehr auf einer großen Wiese.
Sophia, 10 Jahre

Wenn Kinder zu schreiben beginnen, so eröffnen sie uns Erwachsenen damit häufig überraschende Einblicke in ihre ganz persönlichen Vorstellungswelten. Die Themen der Kinder, ihre Wünsche, Hoffnungen, Ängste und Probleme finden sich in den Texten wieder, auch wenn sie sich häufig genug hinter den manchmal ganz einfachen, manchmal komplizierten, oft seltsamen, aber auch eindrücklichen Bildern ihrer Fantasie verbergen. Diese Bilder sind Sprache – genauer gesagt: Schriftsprache – geworden und die entstandenen Texte werden zu Stimmen der Kinder. Und so geben sie auch Auskunft über das Kind und seinen Umgang mit der Schrift. Was Kinder in diesem Zusammenhang zu leisten imstande sind, verblüfft uns Erwachsene, die wir die Texte der Kinder aufmerksam und mit geschultem Blick lesen, immer wieder. Wenn die Texte, die die Kinder schreiben, eine persönliche Bedeutung für sie haben, dann wirkt sich das auch positiv auf die Entwicklung ihrer Schreibfähigkeiten aus. Wie aber können solche Texte entstehen? Welche Rahmenbedingungen können geschaffen werden und welche Anregungen gegeben, um Freiräume für ebensolche Schreibprozesse zu bieten, die es den Kindern ermöglichen, eigene Erfahrungen mit der Welt in ihren Texten zu thematisieren – so wie es Sophia im oben zitierten Beispiel getan hat? Auf diese Frage versucht das vorliegende Buch mögliche Antworten zu finden und weiterzugeben. Bevor an zahlreichen konkreten Beispielen auf die vielen Facetten des Schreibens hingewiesen wird, sollen am Anfang einige grundsätzliche Überlegungen zum kreativen Schreiben im Deutschunterricht der Grundschule angesprochen werden. Diese erste Annäherung versucht einen Bogen über das weit verzweigte Gebiet der Schreibdidaktik zu schlagen. Die Schwerpunkte, die dabei zur Sprache kommen, sind solche, die in der praktischen Arbeit mit Kindern wichtig geworden sind und deren didaktische Reflexion gewinnbringend erscheint.

Neue Wege der Schreibdidaktik

Sie sind allgemein bekannt, die „guten, alten Aufsatzthemen". Vom schönsten Ferienerlebnis – Textform: Erzählung – bis hin zur Backanleitung für Knüppelkuchen – Textform: Vorgangsbeschreibung – reicht die Palette der methodischen Varianten, zu denen Kinder jahrzehntelang ihre Aufsätze verfasst haben. Vordergründig versuchen sie an die Erfahrungswelt der Kinder anzuknüpfen, aber in Wirklichkeit lenken sie von dem ab, was das Schreibenkönnen wirklich erstrebenswert macht: die Möglichkeit, mithilfe der Schrift die eigenen, drängenden Gedanken und Fantasien in eine unvergängliche Form zu bringen und damit auch anderen (und nicht zuletzt auch sich selbst) zugänglich zu machen. Dass diese traditionellen Aufsatzformen keinen geeigneten

Rahmen für gelingende Schreibprozesse bieten können, haben Lehrerinnen und Lehrer nicht erst in den letzten Jahren festgestellt. Bereits am Beginn des 20. Jahrhunderts riefen die Reformpädagogen dazu auf, Kinder eigene Texte nach selbstgewählten Themen schreiben zu lassen. Und in einem Lehrplan für die Volksschule findet man bereits 1913: „Nur das, was das Kind klar erkannt, deutlich geschaut und beobachtet und innerlich empfunden und erlebt hat, soll von ihm niedergeschrieben werden."[3]

Heute ist der Begriff „Aufsatz" fast vollständig aus den Lehrplänen der Grundschulen verschwunden. Statt künstliche Textformen in einem unnatürlichen Schuldeutsch zu verfassen, sollen Kinder lernen, eigene Schreibvorhaben zu realisieren. Dabei stehen nicht formale Kriterien wie Orthografie, Grammatik oder Textaufbau im Vordergrund, sondern die Welt- und Selbstdeutungen des Kindes, die es in eine sprachliche Form zu bringen versucht. So können schreibende Kinder die Erfahrung machen, dass Schrift und Schreiben nicht nur Lerngegenstand sind, sondern eine Erweiterung der persönlichen Ausdrucksmöglichkeiten bereithalten. Und das fördert nachweislich die Lernprozesse der Kinder.

Zudem weiß man heute, dass Kinder möglichst früh die Erfahrung machen sollten, dass das Schreiben die bisherigen Möglichkeiten ihres persönlichen Ausdrucks enorm erweitern kann. Bereits vor Schuleintritt haben sie in Bildern und Rollenspielen kleine Geschichten festgehalten. Nach und nach werden diese bildlichen und körperlichen Ausdrucksformen, die immer auch mit gesprochener Sprache einhergehen, durch Bruchstücke des Geschriebenen ergänzt. So werden Bilder gemalt und mit dem eigenen Namen als Signatur und Beleg der Autorschaft versehen. Wenn die Kinder in die Schule kommen, stehen ihnen sehr bald erste Wörter, dann Wortkombinationen und schließlich Sätze zur Verfügung, die geschrieben werden können, um zum Beispiel gemalte Bilder zu ergänzen. Anfangs gliedert sich das unbeholfen wirkende Wort-Bild noch ganz harmonisch in die Zeichnung ein. Immer umfangreicher beherrschen die Kinder jedoch die Schrift, die sich unter ihren Fingern so zu formen beginnt, wie die Kinder es beabsichtigen und wie es ihren Aussageabsichten entspricht. An welcher Stelle das Bild zum Text wird, kann hier nicht trennscharf festgelegt werden. Es ist aber offensichtlich, dass Kinder bereits sehr früh erste schriftliche Äußerungen zu Papier bringen können. Und selbst die einfachsten Wortfragmente tragen eine Bedeutung in sich. Für die Kinder bedeuten sie häufig weit mehr, als ein Außenstehender zu sagen vermag. In ihnen verbinden sich Vorstellungswelten, die das Kind der noch eingeschränkten schriftlichen Ausdrucksmöglichkeiten wegen in einzelnen Wörtern verdichtet. Ein Unterricht, der das freie und kreative Schreiben erst jenseits des Schriftspracherwerbs vorsieht, verkennt diese Fähigkeiten der Kinder. Und er läuft Gefahr, den Kindern die nachhaltigen Glücksmomente einer gelungenen Schreibhandlung vorzuenthalten, die vielen überhaupt erst einen Zugang zum Schreiben ermöglichen. So können Schreibblockaden entstehen, noch bevor die Schrift erobert wurde.

Wenn es beim Schreiben um persönlichen Ausdruck gehen soll, so spielt das Innenleben des oder der Schreibenden eine entscheidende Rolle. Die Kinder müssen sich in ihrem Tun geborgen fühlen können. Kreative Tätigkeiten sind Wagnisse, weil nicht

I. Das ABC des kreativen Schreibens

völlig abzuschätzen ist, was am Ende dabei herauskommt. Kinder brauchen Freiräume und Zeit, die Schrift zu erproben. Sie brauchen aber auch die Sicherheit, dass sie im Ernstfall auf die Hilfe und Unterstützung anderer vertrauen können. Auf keinen Fall dürfen sie Angst davor haben, durch eine misslungene Arbeit bloßgestellt zu werden oder hohe Erwartungen zu enttäuschen. Daher ist auch hier viel Sensibilität vonnöten, Kindern Mut zum eigenen Schreiben zu machen.

Eine besondere Herausforderung beim kreativen Schreiben besteht darin, alle Kinder beim Einstieg ins Schreiben zu unterstützen und dennoch Freiräume für die individuellen Besonderheiten der einzelnen Kinder zu lassen. Kinder brauchen gemeinsame Lernerfahrungen, aber auch Zeit für ihre persönlichen Zugänge und selbstständiges Arbeiten. *Schreibszenarien* wie die folgenden bieten erfahrungsgemäß einen guten unterrichtsorganisatorischen Rahmen für kreatives Schreiben. Gemeinsam werden Wege ins Schreiben gesucht. Der *Schreibimpuls* – die Anregung zum Schreiben – setzt die Fantasie der Kinder in Gang und entlässt sie schließlich in ihre individuellen, sehr persönlichen Schreibprozesse. Als Abschluss einer solchen Unterrichtseinheit werden die Texte der Kinder präsentiert, zum Beispiel in einer Vorleserunde im Sitzkreis.

Der Maßstab bei der Organisation eines kindgemäßen Schreibunterrichts muss der Anspruch sein, Kindern nicht nur formales Wissen und Fähigkeiten für das Verfassen von Texten zu vermitteln, sondern ihnen vielmehr Zugänge zum Schreiben als persönliches Ausdrucksmittel zu eröffnen. Die eigenen Themen der Kinder sollen zur Sprache kommen; das, was persönliche Betroffenheit auslöst und nach Artikulation drängt. Und das ist eben oft genug nicht das, was wohlmeinende Didaktiker und Didaktikerinnen als „kindgemäße Aufsatzthemen" in Sprachbüchern veröffentlichen. Anregungen wie das klassische „schönste Ferienerlebnis" sind zwar der kindlichen Erfahrungswelt entnommen, sie betreffen aber häufig nicht die Themen, die aktuell wirklich für die Kinder von Bedeutung sind. Neben der erlebnisorientierten freien Themenwahl im freien Schreiben sind kreative Schreibszenarien deshalb so angelegt, dass sie einerseits zwar Anregungen als Stützen des Anfangs bieten, andererseits aber Freiräume für das Eigene in den Texten bieten.

Wie kann dieser hohe Anspruch realisiert werden? Ist eine didaktisch-inszenierte Anregung nicht immer eine Einschränkung und eine inhaltliche Vorgabe? Vordergründig scheint das tatsächlich so zu sein. Bei näherer Betrachtung bieten aber besonders die scheinbar wirklichkeitsfremden Fantasie- und Nonsenstexte der Kinder ein interessantes Potenzial für die Artikulation eigener Inhalte im Schreiben.

Reinhard Fatke schreibt: „Phantasien sind Erkundungsfahrten in eine Möglichkeit, die durchaus Wirklichkeit werden kann. Sie sind der Ort, an dem Bedürfnisse, Wünsche, Sehnsüchte, Träume, Ideale wachgehalten werden."[4] Fantasien sind nach diesem Verständnis also Symbole, die die Kinder für ihre eigenen Themen finden. In ihren Geschichten und Reimen können sie sich ihren Erfahrungen, ihren Hoffnungen, Ängsten und Wünschen nähern und sie bearbeiten, ohne sie direkt beim Namen nennen zu müssen. Vielmehr verbergen sich diese persönlichen Inhalte hinter der filigranen Gestalt der Geschichte, hinter ihren Bildern und Symbolen. Die Geschichten der Kinder werden so zum geschützten Raum, in dem Welterfahrung bearbeitet und Weltverständnis erarbeitet werden können.

Wenn Kinder entdecken, dass das Schreiben sich nicht nur auf langweilige und formale Übungen beschränken muss, sondern ihnen in kreativen Unterrichtssituationen ganz neue Möglichkeiten des spielerischen Umgangs mit Sprache bietet, kann das Schreiben zu einem wichtigen Teil der Kultur der Kinder werden. Sie beginnen Spaß an diesem Medium zu entwickeln, das sie mehr und mehr zu beherrschen suchen, um die Möglichkeiten der Gestaltung besser ausschöpfen zu können. Das Schreiben wird zu einer lustvollen Tätigkeit.

Die Notwendigkeit dieser Erfahrung hat vor circa 30 Jahren der Lehrer Gerhard Sennlaub zu Papier gebracht. In seiner stark polarisierenden Streitschrift *Spaß am Schreiben oder Aufsatzerziehung* betont er: „Schreiben muss Freude machen. Könnten Kinder Schreiben so zwanglos-freudig lernen, wie sie Sprechen lernten, würde es diese Unlust und Angst, diesen Widerwillen und diese Gleichgültigkeit gegen das Schreiben und Geschriebenes nicht geben. […] Freude am Umgang mit geschriebener Sprache und am Schreiben ist nicht Mittel zum Zweck. Ich denke nicht an den alten Schultrick, eine für nötig erachtete Medizin in Honig zu verabreichen. Sondern Freude ist das Ziel."[5] Im Rahmen kreativen Schreibens wird diese grundlegende Überlegung sehr ernst genommen. Das Schreiben sollte niemals zur zähen Dressurarbeit verkommen, sondern von den schreibenden Kindern als gern genutzte Chance eigenen produktiven Handelns betrachtet werden.

Dass das eigene Schreiben allerdings keinesfalls leichter zu bewältigen ist als der formale Aufsatz traditioneller Didaktik, wird ebenfalls an den in diesem Buch vorgestellten Beispielen nachhaltig deutlich. Während im herkömmlichen Unterricht das Ziel der Arbeit die größtmögliche Annäherung des eigenen Produktes an den imaginären Idealtext der Lehrerin oder des Lehrers war, geht es im Umgang mit kreativen Schreibszenarien vielmehr darum, ausgehend von einem gemeinsamen Schreibimpuls die Schrift zu nutzen, ganz eigene Wege zu individuellen Texten zu finden. Auch wenn der Ausgangspunkt des Schreibens für alle Kinder der Gleiche ist, unterscheiden sich die entstandenen Texte häufig sehr stark in Umfang, Inhalt, Form, Dichte und so weiter. Damit ist das Kind viel stärker als bisher nicht mehr nur Erlediger einer inhaltlich und strukturell klar umrissenen Aufgabe, sondern es muss in viel umfänglicherem und komplexerem Maße Entscheidungen über Arbeitsschritte und Vorgehensweisen wie auch über inhaltliche und sprachliche Gestaltungsmöglichkeiten treffen. So kann es auch die Energie aufbringen, sich diesen Herausforderungen zu stellen, weil es ein eigenes Interesse am erfolgreichen Bewältigen der Aufgabenstellungen mitbringt und weil die kreativ-spielerische Ausrichtung der Arbeit seinen eigenen Strategien der Weltaneignung eher entspricht.

Schreibspielräume eröffnen

Was sind aber die wichtigen Elemente solcher kreativer Schreibszenarien, die Kinder zum Schreiben verlocken können und Spaß mit der Schrift versprechen? Um die Fantasie der Kinder anzusprechen und sie zu einem Spiel mit den Möglichkeiten der Schrift anzuregen, gilt es zuerst eine *angemessene Arbeitsatmosphäre* zu schaffen. Neben den oben angesprochenen Sicherheiten, die sich Kinder erworben haben müssen, die kreativ tätig werden, gilt es auch, durch das sinnlich erfassbare Umfeld des Schreibens – in der Regel den Klassenraum – erste Impulse zu setzen. Der Erfolg des Schreibens ist stark von der konkreten Schreibsituation abhängig. Lädt der Ort, an dem geschrieben werden soll, zum Fantasieren und Spielen mit den Möglichkeiten der Sprache ein? Ist die Atmosphäre geeignet, Lust auf das Schreiben zu machen? Finden auch Augen, Nase und Hände Anregungen, die den Schreibakt mit allen Sinnen erfahrbar machen? Dabei geht es nicht darum, Klassenräume mit Materialien zu überfrachten, die in ihrer Fülle für die Kinder nicht mehr zu bewältigen sind. Das Ziel sollte vielmehr sein, einen Ort zu schaffen, an dem sich alle Kinder wohlfühlen können, der aber auch das Interesse und die Neugier weckt und so den Gedanken und Fantasien auf die Reise hilft.

Die nun folgende didaktisch-methodische Inszenierung der Schreibanregung soll die Inspiration anregen, das Interesse der Kinder steigern und Hilfestellungen bieten, den ersten Schritt in das Schreiben zu wagen. Es geht darum, einen Übergang zu schaffen: von der Wirklichkeit, die den Klassenraum bestimmt, ins Land der Geschichten, wo die Fantasie die alleinige gestaltende Kraft ist und der Stoff des eigenen Textes seine schriftsprachliche Form gewinnen soll.

Dieser Übergang ist nicht nur ein Schritt von der Realität in die Fantastik, er ist auch der Schritt in die Welt der Literatur. Welterfahrung wird zu Text und sinnliches Erleben zu Sprache und Schrift. Diese fundamentale Überformung und Umgestaltung passiert nicht einfach so nebenbei. Sie ist vielmehr ein Prozess, der unterstützt werden sollte. In kreativen Schreibszenarien sind Zugänge zum eigenen Text daher häufig an einen spielerischen Umgang mit der Sprache gebunden. Am Anfang steht die *„Kopfgymnastik"*. Die Kinder machen sich mit dem Material, das es zu bearbeiten gilt, mit den Buchstaben, Wörtern und Sätzen vertraut. Gemeinsam sammeln sie zum Beispiel Wörter ein. Sie machen einen Spaziergang; sehen, hören, riechen, schmecken und fühlen die Welt. Allen Eindrücken können sie eine sprachliche Form geben. Wenn sie die Wörter aufschreiben, können sie sie auch ordnen. Da finden sich Augenwörter, also Wörter, die wir mit den Augen eingesammelt haben, Ohrenwörter, Nasenwörter, Draußenwörter, Drinnenwörter, Wiesenwörter, Märchenwörter, unglaubliche Wörter, kalte Wörter und warme Wörter, blaue Wörter, dunkle Wörter und ganz bunte Wörter. Wenn sie nun einen Satz bilden, in dem ganz viele bunte Wörter vorkommen, dann wird der Satz auch recht bunt werden. Wie kann ein Satz ganz kalt oder möglichst hell wirken?

Den Impulsen der Sinne folgend und die Umwelt wahrnehmend und benennend nähern sich die Kinder ganz unmittelbar und konkret der Sprache. Sie machen sie sich verfügbar. Sie werden sensibel für ihre Schönheit und die Gestaltungsmöglichkeiten, welche sie bietet. So wird auch der Weg, den persönlichen Fantasien eine schriftliche Form zu geben, einfacher.

Herausfordernd wird der Schreibauftrag in dem Moment, wo am Anfang der Arbeit das Ziel noch nicht klar umrissen werden kann beziehungsweise sich die Lösung des aufgegebenen Problems nicht unmittelbar aus der Aufgabenstellung ableitet. Und genau hier liegt auch der Unterschied zwischen der traditionellen Schreibaufgabe und einem kreativen Schreibimpuls. Schreibaufgaben formulieren thematisch und formal Vorgaben, die der Schreibende zu berücksichtigen hat und die eine optimale Lösung der Aufgabe bereits in der Aufgabenstellung verankert haben. Dabei lassen sie kaum Freiräume zur inhaltlichen und sprachlichen Gestaltung. Der Schreibimpuls hingegen versucht, Anregungen für den *Weg zum eigenen Text* zu bieten. Schreibimpulse werfen Fragen auf und regen die Fantasie an, indem sie unserem Alltagserleben fremde Situationen anbieten. Während zum Beispiel eine Bildergeschichte lediglich verlangt, eine bildlich bereits fixierte Geschichte in Worte zu fassen und dabei häufig sogar noch einzelne zu verwendende Wörter oder Wortgruppen angeboten werden, wird in einem guten Erzählbild lediglich eine Situation dargestellt, die weder eindeutig noch alltäglich ist und als Momentaufnahme beim Betrachter Fragen nach dem Davor oder dem Danach, dem Wie und dem Warum aufwirft. Die Klärung dieser Fragen – beziehungsweise der Fragen, die sich das Kind selbst gestellt hat – ergibt den Text. Da hier aber die Fantasie der Kinder angesprochen ist und die Antworten formuliert, sind diese als individuelle Ergebnisse kaum an absoluten Maßstäben wie „richtig" oder „falsch" zu bewerten.

Sind die Kinder für die Sprache und ihre Möglichkeiten sensibilisiert und durch einen Schreibimpuls angeregt, kann das Schreiben eigentlich beginnen. Bis hierhin war die Schreibwerkstatt ein Projekt in der Gruppe, eine „literarische Geselligkeit".[6] Gemeinsam wurden die ersten Schritte zurückgelegt. Gemeinsam wurde der Grund für den Text gelegt. Beginnen die Kinder mit dem Schreiben, haben sie nun die Möglichkeit, gänzlich frei den eigenen Gedanken und Fantasien nachzugehen. Bereits vor circa 100 Jahren hatte das der Bremer Volksschullehrer Fritz Gansberg erkannt. So schrieb er: „Im freien Aufsatz strebt die Schülerschar inhaltlich nach allen Dimensionen ins Weite, denn jedes Kind knüpft an das gemeinsam Gegebene, den Unterricht, nur an und wandert gleich ohne Umschweif in sein Land, sein Leben, in sein eigenes Interesse."[7] Genau auf diese Wanderungen sollten sich die Kinder nun begeben können. Sie sollten ihren Weg zum eigenen Text herausfinden.

Dabei ist es aber nicht so, dass das Schreiben als individuelle Tätigkeit nur das einzelne Kind betreffen würde. In der Gruppe geht es seine eigenen Wege, die aber immer an den gemeinsamen Rahmen, den Beginn und das Spiel mit der Sprache gebunden bleiben. Manchmal überschneiden sich dann auch die individuellen Wege der Kinder und sie legen ein Stück Wegs gemeinsam fort. War im traditionellen Aufsatzunterricht die gemeinsame Arbeit verpönt und unter keinen Umständen erlaubt, finden Kinder in kreativen Schreibszenarien immer wieder Anlässe, aufeinander Be-

I. Das ABC des kreativen Schreibens

zug zu nehmen. Da trifft zum Beispiel der Held der Geschichte den Protagonisten des Banknachbars. Sie begegnen sich, messen ihre Kräfte oder werden Freunde. All das geschieht in den Texten der Kinder. Mit Plagiat und Abschreiben hat das nichts zu tun. Lediglich spiegelt sich das soziale Miteinander in diesen Momenten der sich überschneidenden Fantasien wieder. Die Kinder regen sich gegenseitig an. Auch ein Austausch über das Schreiben sollte erlaubt sein.

Daneben ist es weiterhin wichtig, dass den Kindern ein *offener Zeitrahmen* für die Bearbeitung ihrer Texte zur Verfügung steht. Zeitdruck wirkt häufig blockierend, noch dazu, wenn Kreativität gefordert ist. Es ist immer wieder faszinierend, wie unterschiedlich das Schreiben bei verschiedenen Kindern vonstatten geht. Manch eines steht bereits nach fünf Minuten mit einer fertigen Geschichte da. Diese ist unter Umständen tatsächlich zu Ende gedacht. Der Hinweis, noch einmal nachzulesen und vielleicht noch etwas hinzuzufügen, ist in solchen Fällen wenig hilfreich. Andere Kinder sitzen lange, bevor sie das erste Wort aufs Papier bringen. Manchen fällt erst einmal nichts ein. Sie brauchen eine Zeit, in der die Gedanken auf der Suche sein können, ohne zu schnell in feste Bahnen gelenkt zu werden. Andere überlegen sich ihren Text bereits im Vorfeld sehr genau, bevor sie an die Verschriftlichung gehen. Und wieder anderen geht das Schreiben einfach langsamer von der Hand.

Stereotype Erwartungen wie die, dass die schnellen Schreiber viele Flüchtigkeitsfehler machen und die langsamen Schreiber wenig Kreativität in die Texte einbringen bewahrheiten sich erfahrungsgemäß nicht. Kinder gehen einfach sehr unterschiedlich mit dem Schreiben um. Von außen beobachtbares Schreibverhalten sagt wenig über die Qualität der Texte aus. Es zeigt nur, dass mit einer einheitlichen Zeitplanung auch nur einer bestimmten Gruppe von Kindern entsprochen wird. Ziel sollte es deshalb sein, allen Kindern die Zeit einzuräumen, die sie brauchen, um ihre Schreibvorhaben zu realisieren.

Das ist leichter gesagt als getan. Oft beschränkt der Stundenplan die Möglichkeiten einer flexiblen Zeiteinteilung, und außerdem: Ist viel Zeit vorhanden, dann langweilen sich die schnellen Schreiber, die wieder ihrerseits nicht angemessen gefordert werden können. Schon aus diesen Gründen sollte statt einer eindeutigen Schreibaufgabe der Schreibimpuls vielfältige Handlungen nahelegen. Neben dem eigentlichen Schreiben sollten auch unterschiedliche Gestaltungsangebote gemacht werden. Die fertigen Texte sollen ja schließlich auch nicht in einer Rohfassung auf dem Manuskriptpapier bleiben. Kleine Bücher können entstehen, zu den Texten werden Illustrationen angefertigt. Oder aber eine Kulisse für die szenische Inszenierung der Geschichte soll gebaut werden. In jedem Fall gibt es viele Möglichkeiten, den Schnellen die Weiterarbeit an den Texten zu sichern und damit auch den Kindern mit einem größeren Zeitbedarf beim Schreiben erweiterte Möglichkeiten einzuräumen.

Sind schließlich alle Kinder mit ihren Texten fertig, steht am Ende der Schreibwerkstatt die *Präsentation*. Typisch ist der Vorlesekreis, der allen Kindern, die das wünschen, die Möglichkeit einräumt, ihre eigenen Texte vorzustellen. Noch einmal geht es nun darum, die ganze Konzentration aufzubringen, um allen Texten auch die Aufmerksamkeit bieten zu können, die sie verdient haben. Möglicherweise können auch einige Texte zu einem späteren Zeitpunkt, zum Beispiel am Beginn des folgenden Tages im Morgenkreis vorgelesen werden. Alle Kinder sollten lesen dürfen. Wichtig ist nur, dass auch nur die Kinder lesen, die das ausdrücklich wollen. Gezwungen werden sollte niemand.

Für manche Kinder ist es allerdings ein beglückendes Erlebnis, sich doch zu trauen. Anderen hilft es, wenn sie die Geschichte nicht selbst lesen müssen, sondern wenn ein Mitschüler oder eine Mitschülerin oder die Lehrerin oder der Lehrer das für sie übernimmt. Wieder andere haben einen Text verfasst, der so persönlich ist, dass er nicht oder noch nicht für die große Gruppe geeignet ist. Die Angst vor Bloßstellung ist wohl nie ganz auszuräumen. Hier wird besonders deutlich, welche enorme Bedeutung eine vertrauensvolle Arbeitsatmosphäre für das Schreiben hat.

Eine neue Sicht auf das Schreiben birgt einen neuen Anspruch an den Text

Gerade am Ende taucht häufig die Frage auf, wie die Qualität der entstandenen Texte zu beurteilen sein kann. Aufsätze orientierten sich diesbezüglich in vielerlei Hinsicht an formalen Kategorien. Dabei gibt weder die Fehlerhäufigkeit, noch der Umfang ernsthaft Auskunft über die Gestaltung des Textes. Stattdessen sollte bei der Beurteilung danach gefragt werden, ob der Text in Inhalt und Gestaltung als gelungenes Ausdrucksprodukt des Kindes zu verstehen ist. Ein sensibler Blick offenbart Aspekte des Textes, die aus herkömmlicher Perspektive kaum eine Rolle spielten. Fragen können helfen, dem Textgehalt auf die Schliche zu kommen: Liegt dem Text ein Sprachspiel zugrunde und wie ist das Kind damit umgegangen? Hat es auf bekannte Muster einer Geschichte zurückgegriffen? Hat es im Text einen Gedanken oder eine Idee über einen längeren Zeitraum verfolgt? Wurden die Freiräume für die Gestaltung eigener Ideen genutzt? Finden sich Besonderheiten in der inhaltlichen und sprachlichen Gestaltung des Textes? Finden sich in dem Text Spuren des schreibenden Kindes wieder? Alle diese Fragen betreffen den Text und öffnen ihn für einen Betrachter, der die Stärken und nicht die Schwächen des Textes entdecken will. Grundsätzlich sollte ein freier Text immer eine Bereicherung für den Lesenden sein. Und das ist ja auch im Sinne der beurteilenden Lehrer und Lehrerinnen zu wünschen.

In diesem Zusammenhang ist auch die Frage nach der Bedeutung der Rechtschreibung zu beantworten. Ohne Zweifel: Die Fähigkeit, richtig schreiben zu können, ist ein wichtiges Ziel der schulischen Bildung. Dieses Ziel muss aber nicht notwendig zur Folge haben, dass die Rechtschreibung bereits von Anfang an im Mittelpunkt des Schreibunterrichts stehen sollte. Vielmehr sollte den Kindern beim Schreibenlernen zuerst der eigentliche Wert der Schrift immer wieder vor Augen geführt werden: die Möglichkeit, Schrift als Mittel produktiven Handelns und individuellen Ausdrucks zu verwenden. Die Rechtschreibung hat in diesem Kontext eine untergeordnete, wenn auch keine unbedeutende Funktion. Wie jede andere schriftliche Konvention ermöglicht sie es einem Außenstehenden, den Text später lesen und verstehen zu können.

I. Das ABC des kreativen Schreibens

Sie ist also weniger eine Schreib- als eine Lesehilfe und als solche sollte sie im Unterricht eine Rolle spielen. Denn: Wenn ich etwas Wichtiges zu erzählen habe und mir die Mühe mache, es aufzuschreiben, dann möchte ich auch, dass das später jemand lesen können wird. Um das zu sichern, muss ich die Normen der Schriftsprache, allem voran die Rechtschreibung beherrschen. Diese Erkenntnis kann nun die Motivation schaffen, sich dem mühseligen Erwerb der Schriftregeln zu stellen. Vorangegangen sein muss aber die Erfahrung, dass die Schrift ein Medium ist, das mir ganz neue Möglichkeiten sprachlichen Handelns bietet und das ich daher auch erlernen möchte.

Alle diese Überlegungen sprechen dafür, das Schreiben in der Schule aus der traditionell eher künstlichen Lernsituation herauszuholen. *Es geht nicht um das systematische Erlernen einer Kulturtechnik, sondern um das Hineinwachsen in eine Kultur der Schrift.* Hier sollen Kinder nicht nur bruchstückhaft und in stereotypen Zusammenhängen verhaftet Aufgaben erfüllen, sondern sie sollen mündige Teilhaber dieser elementaren Schriftkultur werden. Schrift und Schreiben darf in diesem Kontext nicht auf künstliche Textformen reduziert werden, sondern der Deutschunterricht muss Zugänge zum ganzen Kosmos der Schrift ermöglichen. Die Erfahrung schriftlicher Vielfalt und das Erlebnis der individuellen Chancen des Gebrauchs der Zeichen sollten dabei im Mittelpunkt stehen.

Schriftliche Vielfalt meint allerdings nicht nur unterschiedliche Textformen, die im Unterricht eine Rolle spielen sollten. Auch das Schreiben selbst als psychomotorische Handlung kann ganz unterschiedlich vonstatten gehen. Das zeigen nicht zuletzt die vielfältigen Schreibutensilien, die heute zur Verfügung stehen. Unterschiedliche Füller, Fineliner, Rollpens und andere Stifte versprechen einen guten Schreibkomfort. Die Schreibmaschine und ihr Nachfolger, der Computer, bieten ganz neue Möglichkeiten des Schreibens an. Ein didaktisch sehr wertvolles, leider fast schon wieder in Vergessenheit geratenes Arbeitsmittel ist die Schuldruckerei. In den 1920er Jahren von dem französischen Reformpädagogen Celestin Freinet in die Sprachdidaktik eingeführt, bietet sie Kindern ganz neue Dimensionen der Schrifterfahrung. Im Setzen der kleinen Bleilettern verbinden sich abstrakte Zeichen, konkrete Wortbausteine und persönliche Gedanken und Fantasien zu einer komplexen Erfahrung von Schriftlichkeit. Schrift wird im wahrsten Sinne des Wortes „be-griffen". Die langsame und intensive Wahrnehmung verstärkt den Nachvollzug des Wortaufbaus und unterstützt damit auch das Verständnis der Laut-Buchstaben-Beziehungen. Am Schluss eines langen und intensiven Arbeitsprozesses entsteht ein Text, der auf der Druckerpresse vervielfältigt wird. Das Ergebnis unterscheidet sich von dem Manuskriptentwurf, der vor dem Setzen entstanden war. Es ist ästhetisch anspruchsvoller und hat sich ein Stück von der individuellen Handschrift der Kinder entfernt. Es ist ein Stück mehr Kultur geworden, dadurch aber umso mehr auch Nachweis für die Lernkultur. Das erfüllt die Kinder mit unbändigem Stolz, der offensichtlich wird, wenn nach erfolgreichem Druck die bedruckte Seite vom Druckstock abgelöst und herumgezeigt wird.

Ebenfalls ein Teil einer intensiveren Schriftvielfalt ist die Nutzung des Zusammenhangs von Schriftkultur und Buchkultur. Texte werden nicht nur geschrieben und unter Umständen gedruckt, sie können auch zu kleinen oder großen, individuellen oder klasseneigenen Geschichten- und Gedichtbänden weiterverarbeitet werden. Manchmal sind das ganz kleine Faltbücher, in denen nur eine Geschichte, vielleicht sogar nur ein Wort zu finden ist. Die wohl kleinsten Bücher sind die Streichholzschachtelbüchlein, in denen ein winziges Leporello mit einer winzigen Geschichte zu finden ist. Manchmal werden die Texte der Kinder aber auch aufwendig in schöne Einbände gebunden. Wie schon bei der Schuldruckerei verbindet sich hier individueller Schriftgebrauch mit handwerklichen Momenten zu einer sinnlich vielschichtigen und komplexen Erfahrung von Schriftlichkeit.

Ein solcher Umgang mit der Schrift braucht Zeit. Aber er zahlt sich auch aus. Kinder finden in kreativen Schreibszenarien Erfahrungsräume vor, die ihnen Einsichten und Entwicklungen ermöglichen und viel mühsame formale Übungszeit ersetzen können. Bislang wird kreatives Schreiben eher als Zusatzangebot zum herkömmlichen Aufsatzunterricht in der Schule angeboten. Typischerweise stellt es ein besonderes Highlight dar, zum Beispiel vor den großen Ferien, wenn die Kinder anders nicht mehr zu motivieren sind. Das ist aber nicht Sinn der Sache. Vielmehr ist es so, dass das kreative Schreiben eine gute Alternative zum herkömmlichen Aufsatz darstellen kann. Kreative Schreibszenarien, wie die in diesem Buch vorgeschlagenen, sollten regelmäßig und häufig angeboten werden, um Kinder möglichst früh das Schreiben als Möglichkeit produktiven Handelns und eigener Wirksamkeit erfahren zu lassen.

Im Mittelpunkt des Schreibens sollte dabei immer das Kind stehen, das Wege zur Artikulation seiner Belange finden soll. Weder die Norm noch die Originalität des Textes sollte zum Maßstab werden, sondern die Bereitschaft des schreibenden Kindes, sich auf das Wagnis der Schrift einzulassen. Die Rückmeldung sollte daher immer auch bei der Würdigung des Textes ansetzen und davon ausgehend Verbesserungsvorschläge nicht als Hinweise auf die Unzulänglichkeit, sondern auf das brachliegende Potenzial des Textes artikulieren.

Das ist besonders auch deshalb wichtig, weil beim kreativen Schreiben Kinder ganz unterschiedlicher Entwicklungsstände und Leistungsniveaus miteinander arbeiten können. Diese Schreibszenarien lassen Freiräume, den Text als Problemlösung auf ganz unterschiedliche Weise zu realisieren. Die Texte können kurz oder lang, linear oder komplex sein, ohne ihren Reiz einzubüßen. Ein guter Text ist nicht automatisch ein langer Text und die gleiche Anregung kann auf ganz unterschiedliche Weise aufgegriffen werden. Da das anzustrebende Idealergebnis nicht schon vor Beginn der Arbeit feststeht, können die Ergebnisse der Kinder an ihren Möglichkeiten und an ihrer persönlichen Bereitschaft gemessen werden, mit der sie sich in den Entstehungsprozess eingebracht haben. Kreatives Schreiben bietet als Unterrichtsmethode enorme Möglichkeiten, angemessen auf die immer stärker ausgeprägte Verschiedenartigkeit der Kinder in der Schule zu reagieren. Hinzu kommt die häufige Beobachtung aus Schreibprojekten an Schulen, dass besonders die Kinder, denen der Unterricht sonst schwerfällt, im kreativen Schreiben erstaunliche Potenziale entwickeln. Sie feiern Erfolgserlebnisse, die nicht nur gemessen an ihren eigenen Ergebnissen beachtenswert sind.

I. Das ABC des kreativen Schreibens

Ob die Texte der Kinder schlussendlich zensiert werden können oder nicht, lässt sich nicht in einem Satz beantworten. Viel spricht dagegen, aber manches auch dafür. Der Unmöglichkeit der angemessenen Bewertung kreativer und subjektiv bedeutsamer Ergebnisse steht das Problem gegenüber, dass das Nichtzensieren in einem immer noch auf Zensurenbewertung aufbauenden Schulsystem das Schreiben als Handlung in den Bereich des weniger Bedeutsamen verschieben würde. Hinzu kommt, dass neue Formen der Leistungsbeurteilung wie zum Beispiel das Portfolio interessante Anregungen für eine veränderte und stärker die Eigenverantwortlichkeit der Schüler und Schülerinnen herausfordernde Bewertungspraxis bieten können. Insofern bleibt diese Frage auch in Zukunft noch zu diskutieren.

Viel wichtiger als die mögliche Abrechenbarkeit des Schreibens erscheint aber ein neuer Blick auf das Schreiben überhaupt, der den oben bereits ausführlich thematisierten Unterschied von Kulturtechnik und Schriftkultur berücksichtigt und dabei sensibel auf das blickt, was die schreibenden Kinder in ihren Texten zu Papier bringen. Im Rahmen der vorgestellten Schreibszenarien werden immer wieder auch Texte besprochen, die interessante Aspekte des Schreibens offenbaren. Während in diesen Kapiteln die methodischen Möglichkeiten der Inszenierung und Begleitung des Schreibens der Kinder angedeutet werden, wird am Ende dieses Buches allerdings der Blick noch einmal besonders auf die Ergebnisse der Arbeit, die Texte von Kindern gerichtet werden. Diese Texte führen die vielfältigen Möglichkeiten des Schreibens als einzigartiges Ausdrucksmittel der Kinder eindrücklich vor Augen. Unterschiedliche Zugänge zu ihnen zeigen, wie Kinder mit dem Schreiben umgehen, wie sie ihre Erfahrungen buchstabieren und sich schreibend die Welt und – nicht zuletzt auch – sich selbst erklären; und wie Kinder in ihren Texten erstaunliche sprachliche Gestaltungsleistungen vollbringen, wenn die Anregung einen geeigneten Schreibspielraum für sie bereithält.

Den Texten der Kinder gilt die letzte Aufmerksamkeit und es soll mit diesen abschließenden Nachforschungen versucht werden, alle vorhergehenden Überlegungen in diesem letzten Punkt noch einmal nachhaltig zu unterstreichen.

II. Schreibszenarien. 21 Beispiele

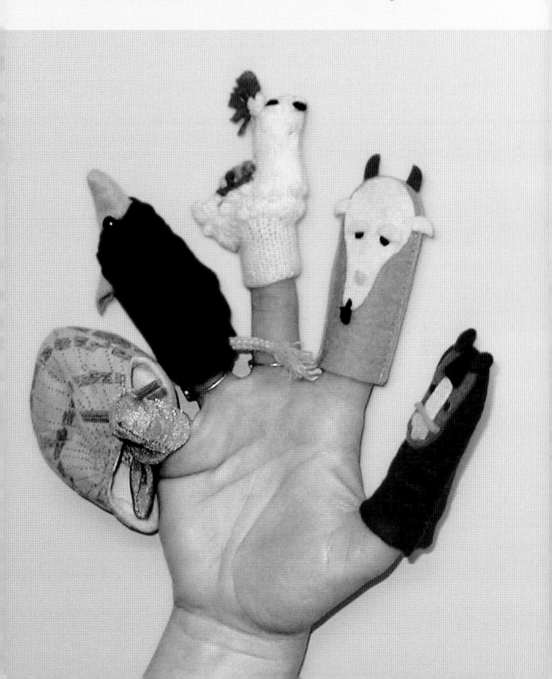

Vom Bild zum Text

Wer sind die Buchstaben, diese seltsamen kleinen schwarzen Kleckse, die die Welt des Papiers zuhauf bevölkern? Wo kommen sie her und was mögen sie bedeuten? Während sich das Bild analog erschließen lässt und einem Betrachter seinen Inhalt preisgibt, ist die Schrift aus der Perspektive von kleinen Kindern ein gänzlich anderes Medium. Ihre Formen und Gestalten lassen keinen Rückschluss darauf zu, was sich hinter ihnen verbergen könnte. Aber die Erwachsenen scheinen das Geheimnis ihrer Entschlüsselung zu kennen.

Die Schriftwelt ist die Welt der Erwachsenen, behauptet der amerikanische Medienwissenschaftler Neil Postman.[8] Doch auch die Rolle der Schrift im Selbstverständnis von Schulanfängern ist nicht zu unterschätzen. Die meisten Kinder wollen in die Schule kommen, um das Lesen und das Schreiben zu erlernen. Sie haben erkannt, dass es sich hier um ganz wichtige Werkzeuge auf dem Weg zum Größerwerden handelt, deren Gebrauch es zu erlernen gilt. Und dabei steht natürlich wieder die Schrift im Mittelpunkt. Fast könnte so der Eindruck entstehen, Schrift sei ein Gegenentwurf zur Kindheit, quasi ihre Ausgangstür. Ist es so, dass die Schrift hilft, das Land der Kindheit zu verlassen und die Welt der Erwachsenen zu erobern? Dass sie hilft, an den Lebensbereichen der Erwachsenen zu partizipieren, das „Nur-Spielen" hinter sich zu lassen und endlich „ernstzunehmende" Tätigkeiten ausführen zu können? Ist die Schrift das Andere zur Welt der Kinder?

Natürlich ist die Schrift ein stark abstraktes und rational-analytisch geprägtes Zeichensystem. Doch begegnen die Kinder ihr auf anderen Wegen. Anfangs sehen sie in der Schrift nicht das Zeichensystem, das sie von den Erwachsenen trennt. Sie sehen seltsame Formen, die sich nicht in bislang erlebte und verstandene Muster der Umwelt einordnen lassen. Sie sehen Buchstabenbilder, und bald merken sie, dass sich hinter diesen Bildern etwas anderes verbirgt. Doch hinter diesen allgemeinen Sinn zu kommen, ist nicht das erste Bestreben der Kinder. Vielmehr verharren sie vorerst auf der gegenständlichen Ebene der Schrift. Sie nutzen ihre Formen und beginnen, spielend und imitierend mit ihr zu experimentieren. Erst später verbinden die Kinder diese bildliche Ebene mit der mündlichen Sprache, die sie sich ja schon zu eigen gemacht haben. So entwickelt sich das Schriftbewusstsein aus der Synthese von mündlicher und bildlicher Darstellungsebene. Doch dieses Ziel ist das Ende des ersten Abschnitts auf dem Weg in die Welt der Schrift, dem ein langwieriger und spielerischer Annäherungsprozess der Kinder vorweggegangen ist, in dem das Bild in besonderer Weise im Mittelpunkt stand. Die folgenden Beispiele in diesem Kapitel möchten Anregungen bieten, wie solche Entdeckungsfahrten der Kinder initiiert werden können.

1. Schriftbilder

Thema und Intention

Lange bevor Kinder in der Schule das Lesen und Schreiben erlernen, machen sie ihre ersten Schritte auf dem Weg in die Welt der Schrift. Bereits als Säuglinge haben sie Umgang mit Büchern, die, aus Gummi oder Hartpappe bestehend, ihren Möglichkeiten und Bedürfnissen angepasst sind. Später schauen sie sich Bilderbücher an und lauschen der Sprache eines Erwachsenen, der ihnen vorliest. Sie beobachten andere beim Lesen und Schreiben, sie entdecken Spuren der Schrift auf Werbeplakaten, Beschriftungen und sogar im Fernsehen.

Häufig beginnen Kinder sehr früh, mit diesen seltsamen Zeichen, die im Leben der Erwachsenen eine so wichtige Rolle zu spielen scheinen, zu hantieren und zu experimentieren. Kritzelnd spielen sie die beobachteten Bewegungen der Großen beim Schreiben nach. Stolz malen sie die Buchstaben ihres eigenen Namens. Sie machen sich die Schriftzeichen zu eigen, lernen ihre Formen kennen, entdecken Gemeinsamkeiten und Unterschiede und sammeln Erfahrungen über den Gebrauch der Schrift.

Dabei sind die Kinder noch weit von der eigentlichen Verwendung der Schrift als Materialisation der Sprache, als Kommunkations- und Ausdrucksmittel entfernt. Die Schrift ist Teil ihres Spiels, mit dem sie die Welt entdecken. Sie ist eingebettet in die kindlichen Vorstellungswelten, in ihre Fantasien. Sie ist ein zutiefst subjektiver Sachverhalt.

Die Schrift ist dabei viel stärker ein gegenständliches Baumaterial, das zum Gestalten und Verändern einlädt. Statt die starren Buchstabenformen zu respektieren, unterziehen die Kinder die Schriftzeichen unglaublichen Verwandlungen. Unter den Händen der Kinder werden sie lebendig und beginnen zu agieren. Sie werden Akteure in der Textwelt, die sie eigentlich nur durch ihren klanglichen Wert erstehen lassen sollten.

Dieses Erkunden der Schrift im gestalterischen Spiel mit den Buchstaben und Wörtern bietet wichtige Erfahrungen im Umgang mit dem Alphabet. Das kreative Umgestalten und fantastische Überformen der festgelegten Buchstabenformen und die damit verbundene Konkretisierung und Belebung ihrer eigentlich gänzlich abstrakten Gestalten, kommt den Formen kindlicher Weltaneignung entgegen. Die Buchstaben werden zum sinnlich fassbaren Gegenüber und zu fantastischen Elementen der Sprachproduktionen.

Organisatorische Hinweise

Zielgruppe: Vorschule und Klasse 1
Material: Papier, Schreibmaterialien, Materialien zur Gestaltung, Alltagsgegenstände, Digitalkamera etc.
Zeit: 30–60 Minuten

Schreibanregung 1: Die Schrift in der Umwelt entdecken

Buchstaben finden sich nicht nur in Büchern und auf Werbetafeln, sie sind auch in den nichtschriftlichen Objekten des Alltags versteckt. Der Hitzeregler des Backofens ähnelt dem „O" und die Kerze auf dem Tisch sieht aus wie ein „I". Wo können wir noch versteckte Buchstaben entdecken?

So wie auf den Fotografien gezeigt können auch Kinder auf die Suche nach den Buchstaben im Alltag gehen. Diese können entweder mit einer Digitalkamera fotografiert oder einfach abgezeichnet werden.

Bei der Suche nach den Buchstaben können die Kinder den Gegebenheiten auch etwas nachhelfen und durch das bewusste Arrangement von Gegenständen Buchstaben herstellen.

Schreibanregung 2: Buchstabenbilder

Die Buchstaben können auch als Buchstabenbilder weitergestaltet werden. Dazu werden einzelne Buchstaben – zum Beispiel der Anfangsbuchstabe des eigenen Namens – entweder aus buntem Papier ausgeschnitten und auf weißes Papier aufgeklebt oder einfach großformatig auf das Papier gemalt. Nun können die Umrisse ausgemalt und mit bunten Mustern geschmückt werden, oder die Buchstaben werden in eine Person verwandelt. Der kann man dann auch einen Namen geben. Was das Buchstabenwesen wohl schon alles erlebt hat?

Justin, 6 Jahre

Magdalena, 5 Jahre

Schreibanregung 3: Schriftbilder

Anders als die Buchstaben, die an sich noch keine Bedeutung in sich tragen, verweisen Wörter immer auf einen Sinngehalt. Konkrete Substantive haben eine fassbare und erfahrbare Entsprechung in der Wirklichkeit der Kinder. Die Dinge können mithilfe der Wörter benannt und zum Gegenstand der Kommunikation werden. Die unmittelbare Erfahrung der Welt ist aber eine vorsprachliche, die die Sinne (das Sehen, Hören, Riechen, Tasten und Schmecken) in den Vordergrund rückt.

Im Wahrnehmen und Benennen der Wirklichkeit verbinden sich Welt- und Spracherfahrung. Ganz eng miteinander verzahnt werden können diese beiden Ebenen, wenn die Dinge selbst die Form, die sie in der Schrift aufweist, annehmen.

So kann aus Gegenständen, die benannt werden, ihr Name gelegt werden. Die Dinge werden zur Schrift und symbolisieren sich selbst im Schriftbild. Besonders eignen sich dafür Naturmaterialien (vgl. Schreibszenarium 11). Aber auch andere Gegenstände können zu Schriftbildern werden.

Schreibszenarien. 21 Beispiele

Auch Adjektive, die Gefühle bezeichnen, können entsprechend ihrer Empfindungsqualität dargestellt werden. Hier stellen die Kinder dar, was die Wörter für sie bedeuten. Es entstehen also stärker subjektiv gefärbte Gestaltungen.

Beispiele aus einer dritten Klasse

Vom Bild zum Text

2. Die Schrift der Pharaonen

Thema und Intention

Das Spiel mit den Bausteinen der Schriftsprache, wie es im vorigen Kapitel anhand der Schriftbilder vorgestellt wurde, muss sich nicht auf die lateinischen Buchstaben unseres Kulturkreises beschränken. Andere Schriftsysteme bieten – je nach ihrer Eigenart und Bauweise – unterschiedliche interessante Anknüpfungspunkte für einen kreativen Umgang. So zum Beispiel die ägyptische Hieroglyphenschrift, um die es in diesem Schreibszenarium geht.

Die bereits über 5000 Jahre alte ägyptische Hieroglyphenschrift, die einen wichtigen Teil unseres Bildes der antiken Nil-Hochkultur ausmacht, besteht aus Piktogrammen, die teils als Konsonanten-, teils als Sinnzeichen fungieren. Da es sich nicht um eine reine Lautschrift handelt, liegt es nahe, für Kinder eine Hieroglyphenschrift zu entwickeln, die zwar optisch an die ägyptischen Hieroglyphen angelehnt ist, aber dem den Kindern geläufigen Bauprinzip der Buchstabenschrift folgt. (Ein Vorschlag für eine solche Umsetzung der Hieroglyphen als Buchstabenschrift findet sich als Kopiervorlage auf Seite 29.)[9]

II. Schreibszenarien. 21 Beispiele

Einstieg

Den Einstieg machen unterschiedliche Anschauungsmaterialien zum antiken Ägypten: Bildbände, großformatige Fotos, Papyrusproben etc. Die Kinder schildern erste Eindrücke und tauschen sich über das Entdeckte aus. Vielleicht können einzelne Kinder auch persönliche Urlaubs- oder Medienerfahrungen zum Thema einbringen.

Bei der genaueren Betrachtung der Schrift, die sich auf den Anschauungsmaterialien erfahrungsgemäß in vielen Varianten wiederfindet, bemerken die Kinder, dass sie sich nicht aus Buchstaben, sondern aus Bildern zusammensetzt. Vereinfachend kann hier erklärt werden, dass die alten Ägypter statt Buchstaben einfache Bilder verwendeten, die man Hieroglyphen nennt. Im antiken Ägypten wurde auch kein Papier verwendet, sondern Texte wurden entweder in Stein gehauen oder auf Papyrusbögen geschrieben. Papyrus war ein Schreibmaterial, das aus Schilfblättern hergestellt wurde. Statt zu Büchern gebunden zu werden, wurden beschriebene Papyrusbögen zusammengerollt. Nun sollen die Kinder ein eigenes Modell einer antiken Papyrusschriftrolle herstellen.

Dazu wird zuerst ein einfaches Blatt Papier (DIN A5) zerknüllt und mit den Händen wieder geglättet. Dann wird es mit feuchtem Kaffeepulver eingerieben, bis die ganze Fläche bräunlich ist. Nun wird das Blatt im Querformat ausgebreitet. Der rechte und der linke Rand werden jeweils um einen Schaschlikstab geklebt. Die Stäbe müssen oben und unten circa 1 cm überstehen. An die Enden der Stäbe werden Watte- oder Styroporkugeln gesteckt, die mit Hilfe von Filzstiften eingefärbt werden.

Herstellung der Schriftrollen

Organisatorische Hinweise

Zielgruppe: Klassen 1 und 2
Material: Papierbögen DIN A5, feuchtes Kaffeepulver, hölzerne Schaschlikstäbe, Wattekugeln ⌀ 10 mm, Klebestift, Filzstifte, Anschauungsmaterial zum antiken Ägypten (Fotos der Pyramiden und anderer Bauwerke, Papyrusbögen etc.)
Zeit: 135 Minuten
Bemerkungen: Statt Schaschlikstäben können auch Trinkhalme verwendet werden.

Vom Bild zum Text

Schreibanregung 1

Für Vorschulkinder oder Schulanfänger eignet sich die Übersetzung des eigenen Namens. Die Kinder erhalten eine Kopie eines vereinfachten Hieroglyphenalphabets (siehe unten). Sie übertragen ihren Namen in die Bilderschrift. Dazu wird der Name zuerst auf einem Entwurfsblatt in Druckbuchstaben aufgeschrieben. Buchstabe für Buchstabe übersetzen die Kinder nun in die Hieroglyphenschrift. Anschließend übertragen sie den Text mit Filzstift auf die Papyrusrolle.

Die fertigen Papyrusrollen können nun ausgestellt werden. Mithilfe ihrer Hieroglyphentabelle können die Kinder gegenseitig ihre Namen entziffern.

Schreibanregung 2

Ältere Kinder können auch einen ganzen Satz in Hieroglyphenschrift auf ihre Papyrusrolle schreiben. Dabei kann es sich zum Beispiel um eine geheime Botschaft des Pharaos oder um eine erfundene Grabinschrift handeln.

So entstehen gleichzeitig auch Rätsel, die die Kinder mit Hilfe der Hieroglyphentabelle gegenseitig entschlüsseln können.

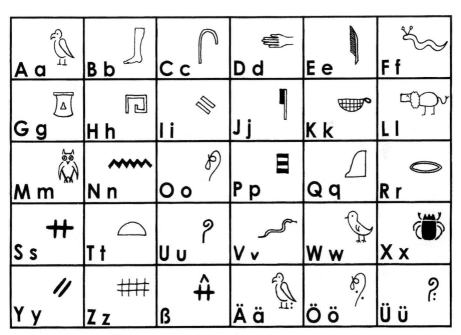

Hieroglyphenalphabet
Quelle: Michael und Alexandra Ritter: *Ideenbox für jahrgangsübergreifendes Lernen 1/2*. Berlin: Cornelsen, 2009

II. Schreibszenarien. 21 Beispiele

3. Vor und hinter der Tür

Thema und Intention

Bildkünstlerische Darstellungen – seien es Grafiken, Bilder, Plastiken oder Fotos können immer dann zum Schreibanlass werden, wenn ihre Darstellungen etwas symbolisieren, was beim Betrachten Assoziationen auslöst und zum Fantasieren einlädt. In vielen Bildern und Fotos kann man in Gedanken spazierengehen, sie als vorgestellten Raum nutzen und dann ein Geschehen konstruieren, das genau dort, in diesem gemalten, gezeichneten oder fotografierten Raum oder dieser Landschaft geschehen könnte. Es ist – wie bei allem kreativen künstlerischen Tun – das Spiel „Was wäre, wenn …".

In dem folgenden Schreibspiel werden eine größere Anzahl von Fotos mit dem gleichen Motiv als Schreibanregung verwendet, nämlich jeweils eine Tür.[10] Auf allen postkartengroßen Fotos finden sich Türen, aber es sind sowohl Haustüren als auch Gartentüren, Zimmertüren, Kellertüren, Schranktüren und so weiter.

Wenn die Kinder diese Türfotos betrachten, stehen sie in Gedanken vor der Tür. Die Türen sind alle verschlossen, ein Blick in das Innere ist nicht möglich. Aber natürlich kann man jede Tür in Gedanken öffnen und durch die Tür ins Innere des Raumes treten. Was wird wohl dort sein? Hinter der Tür? Deshalb heißt das Schreibszenarium „Vor und hinter der Tür".

Türen sind – folgt man Winnicotts Theorie[11] von den Übergangsobjekten und ihrem Bezug zum intermediären Bereich der Kunst – der klassische Übergangsraum zwischen Drinnen und Draußen. Es gibt immer ein Vor-der-Tür und ein Hinter-der-Tür. Die Tür markiert die Schwelle zwischen dem, was wir gerade wahrnehmen und dem, was wir uns in der Fantasie vorstellen. Deshalb ist eine Tür auch immer ein symbolischer Ort zwischen Außenwelten und Innenwelten unseres Bewusstseins. Der

Raum hinter der geschlossenen Tür kann zum imaginären Ort werden, an dem die Geschichte spielen könnte. So kann die auf dem Foto abgebildete Tür zur Tür in die eigene Geschichte werden.

Einstieg
Manchmal genügt es schon, die Kinder die Türfotos anschauen zu lassen, ihnen die Möglichkeit zu geben, die Fotos miteinander zu vergleichen, sich darüber auszutauschen und sich in die Betrachtung der Bilder zu versenken. Man kann die Bildkarten des Erzählspiels wie eine Straße auf den Fußboden des Zimmers oder auch eines Schulflures legen und die Kinder bitten, an den Türen vorbeizugehen, sie still anzusehen und sich dann – beim zweiten Vorbeigehen – für eine Karte zu entscheiden, diese mit an den eigenen Arbeitstisch zu nehmen und sie zum Ausgangspunkt der zu schreibenden eigenen Geschichte zu machen.

Das Spiel kann aber auch nach dem Zufallsprinzip gespielt werden, indem die Lehrerin die Bildkarten wie ein Kartenspiel verdeckt in der Hand hält und die Kinder sich ein oder zwei Karten ziehen können.

Auf jeden Fall wird das Schreibszenarium durch ein intensives Betrachten der Bildimpulse eröffnet, das Gedanken und Erinnerungen auslöst und anregt, die zum eigenen Geschichtenschreiben hinführen können.

II. Schreibszenarien. 21 Beispiele

Organisatorische Hinweise

Zielgruppe: für jede Klassenstufe geeignet
Material: Papierbögen (DIN A4, weiß oder farbig) zum Herstellen der Klappbücher. Verschiedene Türfotos, Poster u. a. als Anschauungsmaterial von Türen. Oder: Eva Maria Kohl: *Vor und hinter der Tür. Ein Erzähl- und Schreibspiel.* Seelze-Velber: Kallmeyer, 2005.
Zeit: mindestens 120 Minuten
Bemerkungen: Als Einzel- oder Gruppenarbeit kann angeregt werden, ein ABC der verschiedensten Türen zu gestalten oder auch von der eigenen Haustür zu erzählen.

Schreibanregung

Neben den Türfotos können im Stuhlkreis vor den Augen der Kinder auch schon die vorbereiteten, noch leeren Buchformen und verschiedene Schreib-und Malwerkzeuge (Buntstift, Scheren, Wachsmalkreide, Bleistifte, Druckstempel etc.) liegen. Als Buchform eignet sich die Form des Klappbuches im Hoch- oder Querformat. Außen wird eine Tür gestaltet, innen wird die Geschichte hineingeschrieben.

Zwei Erzählanfänge sollen beispielhaft vorgestellt werden.

Erzählanfang für eine 2. Klasse: Geschichte von der vergessenen Tür
Es war einmal ein Schloss am Ende der Welt. Dort wohnte ein kleiner König.
Er hatte oft Gäste. Deshalb hatte er auch viele Gästezimmer in seinem Schloss.
Eines Nachmittags im November, so gegen halb drei, wanderte der kleine König durch sein Schloss. Er kam auf die linke Schlossseite. Dort war er lange nicht mehr gewesen.
Er betrachtete die Türen und überlegte, wer wohl dahinter wohnen würde. Er hatte viel vergessen …
Hinter einer der Türen hörte er ein Geräusch. Er blickte durchs Schlüsselloch.
Wer war hinter der Tür?!

Erzählanfang für eine 4. Klasse: Geschichte hinter der blauen Tür
Die Geschichte spielt in einer Stadt wie dieser (z. B. Rostock oder Leipzig oder Hannover …).
Es ist November, es regnet ein wenig. Die Sonne hat keine Lust zu scheinen, aber der Wind fegt durch die Stadt.
Ich habe heute Zeit zum Spazierengehen. Ich laufe über den Marktplatz, biege in die Seitengassen ab. Ich sehe große Häuser und kleine, hohe und niedrige. Ich betrachte die Haustüren. Manche sind schön bemalt und verziert. Oft sehe ich Briefkästen, auch Klingelknöpfe mit Namensschildern daneben.
Dann komme ich an einer blauen Tür vorbei, die ganz besonders aussieht. Ich bin

neugierig und klingle. Es öffnet mir … ein Pferd! Das Pferd sagt: „Ich habe keine Zeit, ich bin gerade dabei, meinen Rucksack zu packen, ich will nämlich verreisen. Aber wenn du schon hier bist: komm herein, trink eine Tasse Kaffee mit mir …"
Hinweis: Der Erzählanfang kann auch mit einem beliebigen anderen Tier begonnen werden. Es ist zum Beispiel möglich, die Kinder selbst ein kleines Spielzeugtier oder eine Spielfigur von zuhause mitbringen zu lassen und dann das jeweilige Tier zum Bewohner zu machen, der die besondere blaue Tür öffnet. So verknüpft sich der eigene, höchst individuelle Teil der Geschichte mit dem angebotenen Erzählrahmen und ermöglicht es den Kindern, sich selbst noch mehr in die Geschichte mit hineinzunehmen.

Aus einem längs halbierten DIN-A4-Streifen wird durch Falten ein Klappbuch hergestellt, das dann außen mit einem Türmotiv versehen wird, ins Innere wird die Geschichte geschrieben.

Aufgeklappte Türbücher

Beispiele

Hinter der Tür lebt der Löwenkönig. Er schreibt einen Brief.
Maxi, 7 Jahre

Hinter der Tür saß ein kleines Eichhörnchen und knabberte an einer alten Nuss. Das Eichhörnchen saß hinter dem Tisch. Es hieß Rassi.
Sarah, 7 Jahre

Die alte Tür mit dem verschwundenen Mädchen
Es war einmal ein Mädchen, das hieß Jessica Westfal, das ging gern durch die Stadt. Es ging von einer Tür zur anderen. Als Jessica eines Tages durch die Stadt wanderte, blieb sie verzweifelt vor einer alten, verrosteten Tür stehen und klingelte. Da ging die Tür auf und Jessica wun-

derte sich, wieso keiner dastand. Da rief eine tiefe Stimme: „Kleines Mädchen, hörst du mich? Guck mal nach unten!" Jessica guckte nach unten und sah einen pupsikleinen Floh. Da sagte Jessica: „Hallo, du kleiner Floh! Wo kommst du denn her? Du, du, du bist ja so klein!" Der Floh fragte Jessica: „Komm doch herein, Kaffee trinken. Es wird bestimmt sehr lustig sein."
Und danach wurde sie nie mehr gesehen.
Jenny, 9 Jahre

Die geheimnisvolle Tür
Vor langer Zeit lebte ein kleiner Zauberer, der mitten im Wald in einem Haus wohnte. Es war wie ein kleines Schloss. Er zauberte sich in den Keller und gleich danach auf den Dachboden. Wenn mal eine Zauberei danebenging, ließ er sich nicht einschüchtern, nein, im Gegenteil, er zauberte nur noch eifriger drauflos. Wenn ihr jetzt aber denkt, dass der Zauberer sein ganzes Schloss kennt, da irrt ihr euch. Der Zauberer hat manche Türen geöffnet, manche Türen riefen ihm aber auch Schimpfwörter zu, manche gingen gar nicht auf oder man stand plötzlich in einem Dschungel.
Einmal ging er zu einer Tür und öffnete sie. Dort war ein Labyrinth, aber statt Wänden hatte es Türen. Er ging durch das Labyrinth, ohne eine Tür zu berühren. Als er am Ende angekommen war, machte er an einer goldenen Tür halt und machte sie auf. Da stand er vor dem Nachbarn, der gerade Mittagessen kochte. Der Zauberer durfte bei ihm essen und erzählte ihm die Geschichte mit den Türen. Der Nachbar wollte auch unbedingt mal in das Labyrinth, aber der Zauberer fand die Tür nicht mehr. Also musste er sich nach Hause zaubern. Als er dann wieder die goldene Tür aufmachte, fand er sich in einem Raum voller Süßigkeiten wieder und er haute richtig rein.
Charlotte, 10 Jahre

Beobachtung

Grundsätzlich sollte man bei der Verwendung von Bildern als Schreibimpuls darauf achten, dass nicht nur eines, sondern mehrere Bilder zur Verfügung stehen, damit die Kinder die Möglichkeit haben, sich eines auszusuchen. In den verwendeten Türbildern des Erzählspieles sind es 75 Bildkarten, die wir den Kindern anbieten und zwischen denen sie sich entscheiden können. Gerade die Fülle der Materialien hat hier die Kinder fasziniert. Es war eben nicht nur eine einzige Tür, eine Haustür oder eine Schultür, sondern es gab Schranktüren, Zimmertüren, Gartentüren, Schuppentüren, Kellertüren, Ladentüren und so weiter.

Die Kinder brauchen viel Zeit und Ruhe, um sich in die Bilder vertiefen zu können. Ein kurzes, einmaliges Anschauen genügt oft nicht. Die Bilder können auch über einen längeren Zeitraum in der Klasse ausgehängt werden, entstehende Texte werden danebengehängt, sodass sie wiederholt gelesen werden können und als Klassenlektüre wirken.

Aus allen entstandenen Texten kann ein gemeinsames Geschichtenbuch der Klasse entstehen, in diesem Falle wäre das ein großes „Türbuch" von allen und für alle.

Mit Sprache spielen

Wie kann Sprache, wie können Wörter zum Spielzeug werden, das man – wie zum Beispiel einen Ball – in die Hand nimmt und dem anderen zuwirft? Wörter sind abstrakte, gedankliche Gebilde. Sie sind erst zu sehen, wenn sie eine Gestalt aus Buchstaben bekommen. Dann kann das Kind, das schreiben lernt, mit dem Stift in der Hand mit ihnen „hantieren". Die Wörter haben einen Körper aus Schriftzeichen bekommen. Die Buchstabenleiber erscheinen den Kindern zu Recht noch lange wie Bilder, was die ästhetische Dimension der Schrift unterstreicht.

Bevor das Kind die Wörter sehen kann, hat es sie gehört. Sprache erfährt es zunächst über die Ohren, begleitet durch Mimik oder Gestik des Sprechenden. Am Klang der gesprochenen Worte, die andere ihm sagen, reagiert es und lernt, sich in der menschlichen Gemeinschaft zu bewegen. Wenn alles gutgeht, hört das Kind nicht nur Wörter und Sätze, sondern auch Reime, Verse, Märchen und Geschichten und wird nicht nur angesprochen und aufgefordert, etwas wortwörtlich zu verstehen, sondern auch, sich etwas vorzustellen, einem möglichen Wortsinn nachzuspüren.

Die Wörter sind die wichtigsten Bauteilchen, das Grundmaterial, aus dem alle Geschichten geformt worden sind. Dass jedes der Wörter auch einen Inhalt hat, im Kontext der Wörter also Gedanken, Ideen, Vorstellungen transportiert werden, hat wiederum etwas mit der grundlegenden Doppelnatur der Sprache zu tun, die immer zugleich Inhalt und Form ist. Das ist für Kinder sehr schwer verständlich und nur auf dem Weg der Erprobung und des sprachlichen Experimentierens, des Spielens mit Sprache, erlernbar.

Wenn die Wörter also das Baumaterial sind, aus dem die Geschichten geformt werden, dann leuchtet es ein, dass man mit diesem Baumaterial sorgfältig umgehen und dass man es zunächst einmal untersuchen und ausprobieren muss. Grundsätzlich haben nämlich die Dichter und Schriftsteller keine anderen Wörter, keine „Zauberwörter", wie es im Vers von Eichendorff (siehe S. 124) heißt, zur Verfügung, aus denen sie die Geschichten formen. Die Wörter sind genau die Wörter, die alle Menschen sprechen und schreiben. Aber die Dichter achten und lieben die Wörter, sie gehen sorgfältig damit um, sie probieren sie aus, sie pflegen sie. Diese Wortarbeit kann man Kindern verständlich machen und man kann mit ihnen das Erproben der Wörter spielerisch üben. Das geschieht zuallererst über das bewusst gemachte sinnliche Wahrnehmen – das Hören, Riechen, Schmecken, Tasten und Sehen –, das in das sprachliche Artikulieren, das Benennen des Wahrgenommenen, mündet. Wir nennen diese sprachspielerischen Einstiege, die sehr oft die Schreibszenarien eröffnen, gern „Kopfgymnastik". Die Wörter im Kopf (das Baumaterial der künftigen Geschichten) müssen angewärmt werden, bewegt werden, herbeigeschafft werden. Die Kinder probieren aus, wie die Wörter klingen, was sie bedeuten, wie man sie mit anderen Wörtern zusammensetzen kann. Sehr gern nutzen wir Sprachspiele, in denen Komposita gebildet werden. Das Zusammensetzen von Wörtern ist eines der produktivsten Sprachspiele, das zum Geschichtenerfinden genutzt werden kann. So wird zum Beispiel das

Grundwort *Schaf* mit einem Wort wie *Nudel*, *Apfelsine* oder *Himbeere* zusammengesetzt, und schon entsteht ein so komischer Geschichtenheld wie das *Nudelschaf*, *Himbeerschaf* oder *Apfelsinenschaf*. Durch diese Wortzusammensetzungen können Kinder entdecken, wie sich die Wortbedeutung verschiebt und im Unsinn dem Sinn nachspüren.

Sprachspiele funktionieren sowohl auf der akustischen, der visuellen als auch der lexikalischen oder syntaktischen Ebene. So kann, ausgehend von einem Wort, dessen Schreibung und Wortbedeutung klar scheint, probiert werden, dieses Wort mit einem anderen Wort „zusammenstoßen" zu lassen. Wörter, wenn sie sich genügend fremd sind, ergeben, wenn man sie einander gegenüberstellt, eine Irritation. Diese Irritation kann ein höchst produktiver Schreibimpuls werden.

Das Unerwartete und Irritierende erweckt das Interesse und löst Fragen aus, betont der italienische Dichter und Pädagoge Gianni Rodari in seiner *Grammatik der Phantasie*.

> *„Wir haben das phantastische Thema – den Ansatzpunkt für eine Geschichte – aus einem einzigen Wort entstehen sehen. Aber es handelte sich wohl um eine optische Täuschung. In Wirklichkeit reicht ein elektrischer Pol nicht aus, um einen Funken zu entfachen, dazu bedarf es zweier Pole. Das einzelne Wort ‚handelt' [...] nur, wenn es auf ein anderes stößt, das es provoziert und zwingt, das Gleis der Gewohnheit zu verlassen, neue Bedeutungsinhalte zu erschließen."* [12]

„Der Hund" an sich ist kein gutes Aufsatzthema. Ganz anders sieht es aus, wenn das Wort *Hund* mit dem Wort *Schrank* kombiniert wird. Dieses zufällige Zusammentreffen zweier Wörter, die scheinbar nichts miteinander zu tun haben, löst Fragen aus und ruft die Fantasie der Kinder auf den Plan. Was hat der Hund mit dem Schrank zu tun? Wohnt er im Schrank? Hat er einen Schrank? Einen Wäscheschrank? Einen Geschirrschrank mit Fressnäpfen aus feinstem Meißner Porzellan? Was mag das für ein Hund sein? Sicherlich ein besonderer Hund ...

Dieses zufällige Zusammentreffen, die Irritation, ist in sehr vielen unserer kreativen Schreibanregungen zu finden. Ausgangspunkt sind einzelne oder miteinander auf ungewöhnliche Weise kombinierte Wörter. Durch diese sprachspielerischen Erprobungen des Wortmaterials können die Kinder einen Schritt mehr vom Sprachgefühl zur Sprachbewusstheit gehen, und jedes Mal öffnet das Sprachspiel die Tür in den Schreibspielraum neuer Geschichten.

Mit Sprache spielen

4. Anagramm. Ein Spiel mit den Buchstaben

Thema und Intention

Was ist eigentlich ein Anagramm? Was verbirgt sich hinter diesem ungewöhnlichen Wort, das so gar nicht nach einem leichten und spielerischen Umgang mit der Sprache klingt? Beim Anagrammieren werden einzelne Wörter oder Wortgruppen in ihre Bestandteile – die Buchstaben – zerlegt und in veränderter Reihenfolge wieder zusammengesetzt. Durch die Umstellung entstehen neue Wörter, die manchmal einen Sinn ergeben, manchmal aber auch Wortneuschöpfungen darstellen. Die wichtigste Grundregel dieses Spiels besteht darin, dass alle Buchstaben des Ausgangswortes im Anagramm wieder Verwendung finden müssen. Es dürfen keine Buchstaben entfallen oder hinzugefügt werden.

Für Gundel Mattenklott ist das Besondere an diesem Spiel, dass die Sprache fast ohne das Zutun des Spielenden dichtet. Am Beispiel von Unica Zürns *Tausend Zaubereien* erklärt sie:

> *„Aus dem Stegreif, keck und ohne Vorbereitung können Leserinnen und Leser dieses Textes aus der Wortfolge* Tausend Zaubereien *andere Texte produzieren. Dabei können sie glückliche Finder von Worten und Wendungen sein, ohne mit Literatur professionell befaßt zu sein."*[13]

Unica Zürn: *Tausend Zaubereien*

*Ei, zarte Suenden bau:
reizende Tauben aus
Zundertau. Eine Base
aus Reizdaunen bete
an. Zuende Staubeier
aus, in Zaubertee. Den
Zebus traue an deine
Busenzierde. Taue an
Eisabenden Azur. Tue
in den Zaubertausee
tausend Zaubereien.*

Quelle: Unica Zürn, Gesamtausgabe
Band 1 Anagramme, S. 42
© Verlag Brinkmann & Bose, Berlin 1988

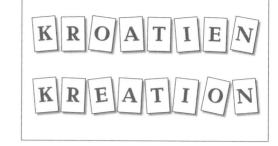

Im Anagramm tritt die Sprache in ihren kleinsten Elementen in den Mittelpunkt des Spiels. Wörter und Wortgruppen verlieren durch die Umstellung nicht nur ihre Klanggestalt. Sie verlieren auch ihre Bedeutungen, obwohl sich an der materiellen Zusammensetzung nichts zu ändern scheint. Manchmal, wenn das Anagramm wieder im Bereich der schon bekannten Wörter liegt, ergeben sich plötzlich Verknüpfungen zwischen Wörtern, die man vorher – durch die einseitige Sicht auf den Inhalt des Wortes – nicht entdecken konnte. Überraschende Brücken werden geschlagen, wenn aus dem *Heute* plötzlich die *Hüte (Huete)* werden, eine *Kantorei* in *Kroatien* mit einer besonderen *Kreation* aufwartet oder ein *Vereidigter* plötzlich zum *Verteidiger* wird. Und damit unterstützt das Anagramm eben die Sicht der Kinder auf die Sprache, die sich nicht auf abstrakte Bedeutungen beschränken lässt, sondern das ästhetische Erleben auf unterschiedlichen Ebenen des Wortes, in diesem Fall besonders ihre Materialität, mit einbezieht.

Viele Anagramme sind zudem Wortneuschöpfungen. Es gehört zum Selbstverständnis unseres Schriftsystems, dass sich hinter der schriftlichen Form eines Wortes immer auch eine Bedeutung und eine Vorstellung verbergen. Die entstehenden Fantasiewörter verlangen daher nach einer Erklärung. Was meint das Wort? Was bedeutet es? Was löst das Bild oder der Klang oder vielleicht der Buchstabe in uns aus? Diese Fragen stehen im Mittelpunkt, wenn man beim Anagrammieren die Grenzen des bereits Bekannten überschreitet und sprachliches Neuland betritt. Das Spiel wird zum sinnstiftenden Handeln, indem die Fantasie Bedeutungen mit sprachlichen Gebilden verbindet.

Mit Sprache spielen

Organisatorische Hinweise

Zielgruppe: Klassen 3 und 4
Material: Papierstreifen (ca. 6 x 20 cm), Scheren, Schreibmaterialien, Beispielanagramme an der Tafel
Zeit: 90 – 120 Minuten
Bemerkungen: Interessante Anregungen zum Spiel mit Anagrammen bietet das Bilderbuch von Esther Spinner und Anna Luchs: *Die Amsel heißt Selma. Tier-Anagramme von A – Z.* Zürich: Bajazzo, 2000.

Schreibanregung

Zum Einstieg wird den Kindern die Rahmenerzählung des Einsiedlers Ichnir ef Gescherendt erzählt oder vorgelesen. An der Tafel oder im Sitzkreis können weitere Anagramme präsentiert werden, die die Kinder enträtseln sollen. Sie können nun eigene Anagramme bilden, indem sie sich ein beliebiges Tier aussuchen, seinen Namen in großen Druckbuchstaben auf einen Papierstreifen schreiben und die Buchstaben auseinanderschneiden. (Natürlich kann auch ein anderes Wort verwendet werden! Das Anagrammieren mit Tiernamen macht Kindern erfahrungsgemäß aber viel Spaß.) Nun können neue Kombinationsmöglichkeiten ausprobiert werden. Die Kinder notieren sich unterschiedliche Varianten. Nun besteht die Aufgabe der Kinder darin, eine Geschichte zu schreiben, in der alle gefundenen Anagramme vorkommen.

Die seltsamen Wörter des Ichnir ef Gescherendt

Vor nicht allzu langer Zeit lebte im fernen Orient ein Geschichtenerzähler mit dem
Namen Ichnir ef Gescherendt. Seine Hütte stand hoch oben auf einem Berg, und weil er
so weit von den Menschen entfernt lebte, schrieb er seine Geschichten auf, statt sie zu
erzählen. Jeden Monat kam ein kleiner Junge namens Fenef mit seinem Esel zu ihm,
holte die fertigen Geschichten ab und brachte ihm zum Dank die nötigsten Lebensmittel
mit. So lebte Ichnir ef Gescherendt viele Jahre einsam und zurückgezogen. Fenef
hingegen zog mit den Geschichten durchs Land und las sie auf Dorfplätzen und
Märkten all den Menschen vor, die sich dort versammelten.
Eines Tages zog jedoch ein schlimmer Sturm auf, der drei Tage und drei Nächte um
Ichnirs Berg tobte. Der Wind pfiff durch die Ritzen der Hütte und wirbelte die Blätter
seiner neuesten Geschichten kräftig durcheinander. Als am vierten Tag die Sonne
aufging und der Wind sich gelegt hatte, besah sich Ichnir den Schaden. Zwar waren
seine Papiere alle noch vorhanden, doch waren sie gänzlich leer. Von den vielen
schönen Wörtern, die Ichnir aufgeschrieben hatte, gab es keine Spur. Die Geschichten
hatte der Wind fortgeweht.
Als einige Tage danach Fenef zu seinem monatlichen Besuch bei Ichnir aufbrach,
entdeckte er auf seinem Weg die wunderlichsten Dinge. Überall auf den Wiesen und

Berghängen lagen Wörter verstreut. Doch waren das keine gewöhnlichen Wörter. Sie klangen fremd und seltsam. Noch nie hatte Fenef solche Wörter gehört. Da gab es zum Beispiel NEFLID und SUMA, EKTAZ und FANTELE, TULANS und PEPITCH. Vorsichtshalber sammelte Fenef alle Wörter ein und verstaute sie in seiner kleinen Ledertasche. Diese war bereits nach kurzer Zeit prall gefüllt.
Auf dem Gipfel bei Ichnir angekommen, zeigte Fenef dem Alten, was er gefunden hatte. Ohne Zweifel musste es sich hier um die verwehten Wörter von Ichnirs Geschichte handeln. Doch was war mit ihnen passiert? Plötzlich erkannte Fenef, warum die Wörter so fremd klangen und aussahen. Der Wind musste nicht nur die Wörter vom Papier geweht haben, er hatte auch ihre Buchstaben durcheinandergewirbelt. NEFLID war früher einmal ein DELFIN gewesen und hinter PEPITCH versteckte sich natürlich ... – genau, ein TEPPICH. Doch das ließ sich nun nicht mehr umkehren. Zu fest hatten sich die Buchstaben ineinander verhakt. Waren die Wörter unbrauchbar geworden? „Nein", sagte Fenef zu Ichnir. „Sie brauchen nur eine Geschichte, in der sie vorkommen können. Du musst neue Geschichten erfinden, in denen die neuen Wörter ihren Platz bekommen." So fing Ichnir an, für die fremden Wörter Geschichten zu erfinden. Die erste begann so: *Es lebte einst im fernen Afrika ein seltsames Tier, das hieß Fantele ...*

Als Zusatzaufgabe können die Kinder damit beauftragt werden, das Rätsel zu lösen, das sich hinter den Namen der beiden Protagonisten verbirgt. *Ichnir ef Gescherendt* ist nämlich ein Anagramm des Wortes *Geschichtenerfinder* und *Fenef* ist nicht irgendein Junge, sondern sein *Neffe*. Was mag es damit wohl auf sich haben?

 Beispiel

Anagrammgeschichte
Die Akrobatin Orkatinab sagt: „Der bescheuerte Babysitter soll endlich auf mein Baby Babsyretti aufpassen!" Ihr Haustier, das Chamäleon Leonämach mault: „Stramontideon – wir sollten demonstrieren. Ja, wir machen eine Demonstration!" Orkatinab meckert schon wieder: „Die Elektrizität in unserem Haus funktioniert so schlecht, dass wir den Mechaniker Irtiztätelek holen müssen." Almurofr, der Polizist, kommt ins Zimmer. Er sagt: „Füllen sie ein Formular für die Demo aus, dann kann ich sie genehmigen." Die Akrobatin füllt aus. Da kommt ihr Freund vom Mars, Sixalag Galaxis, zu Besuch. „Hallo, Sixalag", grüßt Orkatinab. Sie stoßen mit Sixalags selbstgebrautem Göffes-Gesöff an. Lynlg, der Gully, ist nicht eingeladen. Er kommt aber doch. Da schmeißen sie ihn raus. Sie kauen Immugauk-Kaugummi. Ytei, der Yeti, kommt. Aber der Gully heult immer noch.
Isabelle, 7 Jahre

Mit Sprache spielen

5. Unterwegs

Thema und Intention

Ein Weg ist keine Person, weder ein Mensch noch ein Tier. Er ist auch kein Gegenstand, den man anfassen und verlebendigen kann, wie das in den Märchen mit dem Wasser, dem Wind oder einem Apfelbaum geschieht. Ein Weg ist ein topografischer Begriff, Teil einer Landschaftsbezeichnung. Er kann allerdings zum Ort von Geschichten werden, wenn zum Beispiel mitten auf einem Weg, am Wegrand oder an einer Wegbiegung etwas geschieht.

In der Geschichte *Unterwegs* (Text am Ende dieses Beitrages) steht der Weg selbst im Mittelpunkt des Geschehens. Hier ist er der Hauptheld der Geschichte. Wie kann das sein? Ein Held wird man doch nur, wenn man handelt?

Der Weg handelt: er geht fort. Die Geschichte *Unterwegs* wurde zum Ausgangspunkt kreativer Spracherkundungen und zum Schreibimpuls für Weggeschichten von Kindern.

Einstieg

In einer Schreibwerkstatt mit Kindern einer vierten Klasse wurde folgender sprachspielerische Einstieg erprobt. Jedes Kind bekam ein DIN-A5-großes Blatt auf den Tisch gelegt, auf dem nur ein einziges Wort stand, nämlich das Wort „UNTERWEGS": In diesem Wort, so wurde den Kindern erklärt, hatte sich der Held der Geschichte versteckt. Wer fand den Helden der Geschichte?

II. Schreibszenarien. 21 Beispiele

Die Kinder rieten bereitwillig, genannt wurde aber zunächst nicht das richtige Wort. Angeboten wurde zum Beispiel „Egs" oder „Er". Wie würde dann die Geschichte lauten? Zum Beispiel so:

Es war einmal ein ziemlich verhungerter, dünner, schlechtgelaunter Egs. Der Egs war acht Jahre alt. Er wohnte ...

Die Kinder fanden das sehr komisch und es wäre möglich gewesen, mit diesem Satz eine Geschichte fortzuspinnen. Aber das Rätsel war noch nicht gelöst, und schließlich entdeckte ein Junge den WEG, der sich in UNTERWEGS versteckt hatte. Wenn schon etwas so Ungewöhnliches wie ein WEG der Held der Geschichte sein würde, wie könnte der erste Satz seiner Geschichte dann lauten?

Die Kinder boten diese Geschichtenanfänge an:

Es war einmal ein Weg, der sehr lang war.
Es war einmal ein alter Weg, der war über 100 Jahre alt.
Es war einmal ein Weg, der führte in die große Welt.
Es war einmal ein Weg, der wusste nicht, wohin er gehen sollte.
Es war einmal ein Weg, der wollte nicht aufhören, er war unendlich lang.
Es war einmal ein Weg, der wichtig war.
Es war einmal ein Weg, der anders war als alle anderen Wege.
Es war einmal ein Weg, der endete nirgendwo.
Es war einmal ein Weg, der nie zu Ende war.

Es war erstaunlich, wie viele Varianten die Kinder erfanden, nur sehr wenige ähnelten sich. Schließlich wurde die vollständige Geschichte *Unterwegs* den Kindern vorgelesen. Während des konzentrierten Zuhörens schrieben die Kinder alle Wegnamen auf, die sie in der Geschichte entdeckten.

Organisatorische Hinweise

Zielgruppe: Klassen 3 und 4
Material: Papierstreifen DIN A3, halbiert für das Herstellen der Leporellos der Weggeschichten, Buntstifte
Zeit: 45 – 90 Minuten
Bemerkungen: Die Geschichte *Unterwegs* ist auch als Lesung auf einer Hör-CD enthalten (Eva Maria Kohl: *Unterwegs mit Geschichten. Fünf fantasievolle Lesetexte zum Lesen, Hören und Mitmachen.* Seelze-Velber: Kallmeyersche Verlagsbuchhandlung, 2002).

Mit Sprache spielen

Schreibanregung

Die vielen realen Wegbezeichnungen, die die Kinder in der Geschichte entdeckt hatten, wurden nun zum Ausgangspunkt eines kreativen Wörtererfinderspiels und das wiederum war der nächste Schritt zum eigenen Geschichtenschreiben. Die Kinder wurden gebeten, sich Wege auszudenken, die es in der Wirklichkeit nicht gab, die aber in einem Märchen oder einer Geschichte durchaus vorkommen könnten.

Mit den erfundenen fantastischen Wegwörtern probierten die Kinder dann schon mal den Anfangssatz einer eigenen Weggeschichte.

Beispiele für Anfangssätze
Der dicke Drache lief den Drachenweg entlang.
Auf dem Ameisenweg tobten die Ameisen herum.
Es war einmal ein süß duftender Veilchenweg.
Es war einmal ein Pflaumenweg, mit Pflaumensteinen gepflastert.
Auf dem Raubtierweg schlich ein großes Raubtier entlang.
Der Quarkweg quatschte.

Die Motivation für die eigene Geschichte war durch diese sprachspielerischen Übungen gut vorbereitet. Die Geschichtenanfänge wurden gesammelt und in einer besonderen Mappe aufgehoben. Einige Kinder hatten Lust bekommen, eine eigene Weggeschichte zu schreiben. Andere gestalteten ein ABC-darium der Wegwörter, in dem es sowohl realistische als auch fantastische Wegbezeichnungen gab. Alle Texte der Kinder, für die sie auch noch passende Buchformen gestalteten, wurden später in einer Ausstellung präsentiert.

> A Ameisenweg, Autoweg, Apfelweg, Arbeitsweg,
> B Baumweg, Bilderweg, Badeweg, Biljanaweg,
> C Clownweg, Computerweg, Centweg, Comicweg,
> D Dachweg, Drosselweg, Dorfweg, Deichweg,
> E Elefantenweg, Eiweg, Entenweg, Eselweg,
> F Fadenweg, Fischweg, Feierweg, Feuerweg,
> G Gansweg, Granweg, Glückweg, Geisterweg
> H Hasenweg, Himmelweg, Hundeweg, Hafenweg,
> I Igelweg, Igluweg, Ideenweg, Irlandweg,
> J Juliaweg, Jaguarweg, Jahrweg, Januarweg,
> K Katzenweg, Kinderweg, Kaktusweg, Kanonenweg,
> L Laubweg, Kochweg, Leiterweg, Löwenweg,
> M Maulwurfweg, Maiweg, Mantelweg, Märzweg,

Beispiel

Der Weg
Ich ging einen Waldweg entlang. Ich überlegte, wohin der Weg führte, als ich aus dem Wald ging, führte der Weg auf eine wunderschöne Wiese. Es wuchsen schöne Blumen und Schmetterlinge flogen darüber. Es war ein netter Anblick und ich hätte stundenlang stehenbleiben können, doch ich ging weiter, weiter, weiter und weiter. Da kam ich an einen Bach. Ich kühlte meine Füße und ging immer am Bach entlang. Irgendwann wurde aus dem Bach ein Fluss und aus dem Fluss ein See. Ich hatte zufällig Badesachen dabei und badete. Ich tauchte und beobachtete die Fische, wie sie unbeschwert schwammen. Ich sah, dass da etwas war: Eine Kiste und ein Totenkopf. Ich schwamm hoch, um Luft zu holen. Dann tauchte ich wieder. Ich hob die Kiste hoch und schwamm damit ans Land. Ich machte die Kiste auf und in der Kiste war nichts – absolut nichts, gar nichts. Ich ärgerte mich ein bisschen. Aber dann dachte ich daran, dass ich nach Hause musste. Jetzt ärgerte ich mich nicht mehr. Also zog ich mich wieder an und ging am Fluss lang, der zu einem Bach wurde und am Ende des Baches zur Quelle. Da war die Wiese. Ich ging drüber und dann ging ich durch den Wald den Waldweg entlang. Da hinten, da war mein Haus. Ich erinnerte mich noch lange an diesen aufregenden Spaziergang, der mit dem Waldweg begonnen hatte.
Juliane, 9 Jahre

Eva Maria Kohl: Unterwegs

Es war einmal ein Weg. Er hatte es satt, immer um das gleiche Haus herumzulaufen. Er wollte die weite Welt sehen. Er rollerte sich zusammen, hielt sich gut fest und ging los.

Er lief und lief, bis er an ein Feld kam. Sein Korn leuchtete gelb. Es roch gut. Da legte er sich mitten in das Feld und wurde ein Feldweg. Er blieb den ganzen Sommer. Dann kam ein Traktor. Das Korn wurde weggebracht. Der Weg sah ihm nach. Er erinnerte sich, dass er die weite Welt sehen wollte. Er rollerte sich zusammen, hielt sich gut fest und ging los.

Er lief und lief, bis er an einen Wald kam. Die Bäume waren hoch. Sie standen dicht zusammen und erzählten sich was. Der Weg legte sich lang und hörte zu. So wurde er ein Waldweg. Die Rehe kamen und die Füchse gingen auf ihm spazieren. An seinen Wegrändern wuchsen Pilze. Dann wurde es Herbst. Die Blätter der Bäume wurden rot und golden. Der Wind riss sie ab. Da erinnerte sich der Weg, dass er die weite Welt sehen wollte. Er rollerte sich zusammen, hielt sich gut fest und ging los.

Er lief und lief, bis er an ein Tal kam. Dort gab es eine Wiese. Der Weg war müde vom Laufen. Er legte sich mitten in die Wiese und schlief ein. Da war er ein Wiesenweg. Der Winter kam mit dem leisen Schnee. Er deckte den Weg zu. Da merkte der Weg nicht, dass es so kalt war. Er schlief sehr tief. Dann wurde es Frühling. Der Regen wusch das Gras. Die Blumen wachten wieder auf. Der Weg reckte sich und streckte sich. Er erinnerte sich, dass er die weite Welt sehen wollte. Er rollerte sich zusammen, hielt sich gut fest und ging los.

Er lief und lief, bis er an einen großen Berg kam. Er kletterte hinauf bis zum Gipfel. Oben sah er sich um. Tief unten lag das Tal. Nun war er ein Gipfelweg. Darauf war er sehr stolz. Es gab aber keine Tiere hier oben und keine Bäume mehr. Die Menschen kamen selten herauf. Sein einziger Freund war der Wind. Der tobte herum. Auch die Wolken waren nahe. Der Weg wünschte sich, ein Wolkenweg zu werden. Aber es gelang nicht. Er konnte nicht fliegen. Eines Tages kletterte er den Berg wieder herunter. Er rollerte sich zusammen, hielt sich gut fest und ging los.

Er lief und lief. Beinahe wäre er ein Wanderweg geworden. Endlich tauchte in der Ferne eine Stadt auf. Er sah sich alles genau an: die Türme und Kirchen und die großen und kleinen Häuser. Wo soll ich mich hinlegen?, fragte er die Häuser. Sie sagten: Willst du ein Parkweg werden? Oder ein Fahrradweg? Oder ein Schutzweg über eine breite Straße? Der Weg probierte alles aus. Es war sehr anstrengend. Er wollte nicht bleiben. Er rollerte sich zusammen, hielt sich gut fest und ging los.

Es wurde Nacht. Am Himmel waren viele Sterne. Der Mond sah auf die Erde herab. Der Weg lief und lief. Wenn ich da hinauf könnte, dachte er, wäre ich ein Mondweg. Er kam an den Stadtrand. Dort gab es einen kleinen Bach. Sein Ufer war wild. Sein Wasser war trüb. Aber es war kühl. Die Wellen redeten. Das war eine ganz neue Musik. Der Weg legte sich neben den Bach und hörte dem Wasser zu. In dieser Nacht träumte er zum ersten Mal.

Am nächsten Morgen erzählte er davon. Der Bach hörte zu. Ich mag Träume, sagte er. Dann erzählte der Bach. Ich mag Geschichten, sagte der Weg. So kam es, dass sie zusammenblieben.

Viele Jahre vergingen. Eines Tages kam etwas Großes, Viereckiges angelaufen. Es sagte: Ich habe dich überall gesucht. Es war nicht schön ohne dich. Komm wieder heim! Aber der Weg wollte kein Heimweg werden. Da bleib das Haus einfach neben ihm stehen. Und so waren sie wieder zusammen.

Quelle: *Unterwegs mit Geschichten*, aus: Grundschule Sprachen 1/2002, Friedrich Verlag GmbH 2002

Mit Sprache spielen

6. Zaubersprüche. Wenn Sprache Wirkung zeigt

Thema und Intention

Dass die (Schrift-)Sprache ein Mittel der Kommunikation und des Ausdrucks ist, dürfte allgemeiner Konsens sein. Mithilfe der Schrift hinterlassen Menschen Äußerungen, die anderen, die diese Botschaften entschlüsseln können, Einblicke in die persönlichen Denk- und Vorstellungswelten des Schreibenden bieten. Der Text wird zur Brücke zwischen dem Einzelnen und seiner Umwelt, die Sprache zu einem zentralen Aspekt zwischenmenschlicher Begegnung. Die Sprache löst Vorstellungen und Reaktionen aus.

Doch ist es nur der Inhalt der Sprache, der als symbolisch-kommunikative Interaktion bei anderen eine Wirkung erzielen kann? Auch die Sprache selbst – jenseits ihrer inhaltlichen Dimension – kann unmittelbar wirksam werden. Der Abzählreim ist ein anschauliches Beispiel dafür, wie Sprache instrumentalisiert wird, das Spiel von Kindern zu beeinflussen, ohne dass sie dabei auf die Übermittlung wesentlicher, in Sprache gefasster Inhalte reduziert wird. Die Sprache wird zum rituellen Singsang, der nur seiner Länge und der Anzahl seiner rhythmischen Einheiten nach Bedeutung hat. Er hilft, eine Auswahl zu treffen, die jenseits intentionaler Überlegungen einzelner Spielpartner oder -gegner liegt und die durch die scheinbar objektive Instanz des Reimes, der damit beinahe zum Akteur gemacht wird, für unabhängige Gerechtigkeit im Spielverlauf sorgen soll. Dem Abzählreim wird damit eine entscheidende und aktive Position im Verlauf des Spiels zuerkannt.

Mit dem Abzählreim verwandt scheint der Zauberspruch zu sein. Allerdings ist er nicht der „realen" Spielwelt der Kinder entlehnt. Er stammt aus mythischen und literarisch geprägten Zusammenhängen. Auch beim Zauberspruch wird Sprache unmittelbar wirksam. Sie bekommt eine Kraft, die nicht nur auf ihre inhaltliche Aussage zurückzuführen ist. Die Sprache wirkt über ihren üblichen Wirkungskreis hinaus und erzeugt unglaubliche Effekte. Der Zauberer wird zur gefürchteten Figur, weil er die Macht besitzt, diese Kraft der Sprache zu beherrschen und gezielt einzusetzen.

Doch was macht die Zaubersprüche zu geeigneten sprachlichen Baumustern für das kreative Schreiben? Zaubersprüche weisen eine klare und sehr gut überschaubare Struktur auf. Neben ihrer prägnanten Kürze, die besonders Schreibanfängern entgegenkommt, folgen sie den strengen Regeln einer formalen Gestaltung. Viele Zaubersprüche sind zweigeteilt aufgebaut. Einer formelhaften Einleitung wie dem allgemein bekannten „Abrakadabra" oder „Hokus pokus" steht ein auf den Punkt gebrachter Auftrag gegenüber. Zum Beispiel:

Hokus pokus fidibus,
mit Langeweile ist jetzt Schluss.

Dieses Muster kann zur Grundlage der eigenen Gestaltungen der Kinder werden.

Einstieg

Sollen eigene Zaubersprüche geschrieben werden, ist es wichtig, dass eine Rahmenhandlung geschaffen wird, in deren Zusammenhang der Spruch seine Wirkung entfalten kann. So wird zum Beispiel vom kleinen Zauberer Fidibus erzählt, was den Kindern bereits den Anfang einer möglichen Geschichte bietet.

Fidibus und die geheimnisvollen Türen

Vor langer, langer Zeit lebte im fernen Märchenland ein kleiner Zauberer, der hieß Fidibus. In der Stadt, in der er lebte, gab es viele Zauberer. Dennoch war er oft einsam. Denn Fidibus hatte ein Problem. Er war furchtbar schusselig und vergesslich, und das darf ein Zauberer natürlich nicht sein. Stellt euch nur vor, was für ein Chaos Fidibus tagtäglich auslöste. Ständig vergaß er den richtigen Zauberspruch oder brachte die Reihenfolge der Wörter durcheinander. Wollte er sich eine Bratwurst zaubern, begann es stattdessen zu regnen, und als er einmal einer alten Frau helfen wollte, ihre Katze von einem hohen Baum zu holen, zauberte er stattdessen auch die Alte auf den Baum. So kam es, dass sich die anderen Zauberer von ihm fernhielten. Wann immer sie ihn sahen, lachten sie ihn aus. Das machte Fidibus sehr traurig.
Nahe der Stadt lebte in einem Schloss eine Fee, der tat Fidibus leid. Eines Tages, als Fidibus gesenkten Hauptes durch den Stadtpark schlenderte, sprach sie ihn an. „Geh in mein Schloss", sagte sie zu ihm. „Dort gibt es viele geheimnisvolle Zaubertüren. Jede Tür führt an einen fernen Ort. Hinter den Türen kannst du dein Glück versuchen. Dort wirst du deine Vergesslichkeit überwinden und Freunde finden." Fidibus ließ sich das

nicht zweimal sagen. Er bedankte sich bei der Fee und lief sogleich zu ihrem Schloss. Dort angekommen schlich er durch die Gänge des alten Gemäuers. Und tatsächlich, dicht an dicht gab es dort die seltsamsten Türen. Als Fidibus eine Tür öffnen wollte, gab diese allerdings keinen Spalt nach. Das hätte er sich ja denken können. Um die Zaubertüren zu öffnen brauchte er natürlich den passenden Zauberspruch. Und genau den hatte er selbstverständlich wieder einmal vergessen. Was sollte er tun? Fidibus war verzweifelt.

Organisatorische Hinweise

Zielgruppe: Klassen 2 – 4
Material: Schreibmaterialien, Buntstifte, das Erzählspiel von Eva Maria Kohl: *Vor und hinter der Tür. Ein Erzähl- und Schreibspiel.* Seelze-Velber: Kallmeyer, 2005, Kopie des Rahmentextes
Zeit: ein ganzer Schulvormittag (ca. 4,5 Stunden)
Bemerkungen: Ist das Erzählspiel nicht verfügbar, können alternativ auch Fotos von Türen gemacht oder aus Zeitschriften und anderen Medien ausgeschnitten werden.

Schreibanregung 1: Der Zauberspruch

Die Kinder werden nun gebeten, Fidibus zu helfen. Sie sollen für ihn Zaubersprüche erfinden, die die Tür öffnen können. Hier bietet es sich an, die Türfotos aus dem Erzählspiel *Vor und hinter der Tür* zu verwenden. Diese können im Klassenraum oder auf dem Fußboden im Sitzkreis verteilt werden. Die Kinder suchen sich eine Tür aus, zu der sie einen Zauberspruch erfinden wollen. Alternativ oder ergänzend dazu können sich die Kinder auch eine eigene Tür ausdenken. Ein Papierbogen (DIN A4 im Querformat) wird auf das Format A5 zusammen- und wieder auseinandergefaltet. Nun werden beide Seiten zur entstandenen Mittellinie gefaltet. Es entsteht eine zweiflügelige Tür, die, wenn man sie aufklappt, auch einer aufgeschriebenen Geschichte Raum bieten kann. Vorne auf die Flügel, die auch noch mittels einer Schere eine schöne Form erhalten können, malen die Kinder ihre eigene Tür.

Nun wird besprochen, wie ein Zauberspruch erfunden werden kann. Die Kinder sammeln verschiedene Zaubersprüche, die sie kennen. Dann wird das Baumuster erläutert. Am Beginn des Zauberspruchs steht immer eine Formel, die den Zauberspruch einleitet. Dann kommt der Auftrag, der besagt, was der Zauberspruch auslösen soll. Die entstehenden Zweizeiler können, müssen sich aber nicht reimen. Wenn die Spielregeln für die Gestaltung des Zauberspruchs geklärt worden sind, gehen die Kinder an die Arbeit. Schnell sind die ersten Zaubersprüche entstanden.

Beispiele

Ene mene Mole Küle,
geht jetzt auf, ihr Türenschnüre!
Sophia, 7 Jahre

Ene mene mauf,
Tür geh auf.
Jo-Ann, 7 Jahre

Kann Tu i duss
Hel du Kantus
Fel du man Tus
Schlüssel geh auf.
Sebastian, 7 Jahre

Eins, zwei, drei, vier, fünf, sechs, sieben,
wo ist denn der Schlüssel geblieben
Tür mach keinen Wind,
öffne dich geschwind.
Paula, 7 Jahre

Schreibanregung 2: Was sich hinter den Türen verbirgt

Sind die Zaubersprüche geschrieben, werden sie auf ihre Wirkung hin untersucht. Dazu betrachten die Kinder ihre Türbilder, sprechen ganz leise für sich ihren Zauberspruch und schließen die Augen. Nun stellen sie sich vor, wie sich die Tür öffnet und was Fidibus hinter der Tür erwartet. Sie verwandeln sich in diesem intensiven Moment scheinbar selbst in Fidibus und erleben an seiner statt die Abenteuer, die dann niedergeschrieben werden sollen. Die starke Identifikation lässt die Rahmengeschichte mit den eigenen Fantasien der Kinder verschwimmen. Persönliches und Fantastisches vermischen sich und machen den besonderen Reiz der entstehenden Texte aus.

Beispiel

Fidibus, dreimal schwarzer Kater,
Tür geh auf und ich bin nicht mehr vergesslich.
Fidibus ist in der Stadt. Fidibus ist an der Haltestelle und wartet auf die Straßenbahn. Fährt er mit der Straßenbahn? „Ja, ich fahre mit der Straßenbahn", sagt Fidibus. „Ist die nächste Haltestelle der Schlossberg?", fragte er. „Ja", sagt Karl. Er sitzt neben Fidibus. Karl fragt: „Wollen wir Freunde sein?" „Ja!" Ein glückliches Ende.
Philipp, 7 Jahre

Beobachtung: Philipp und die Straßenbahnen

Wie stark die Projektion der eigenen Gedanken, Erfahrungen und Interessen in die Texte sein kann, wird am Beispiel des Textes von Philipp deutlich. Philipp fand in Fidibus ein ideales Gegenüber. Er war ihm in gewisser Weise unglaublich ähnlich. Oft fiel Philipp durch seine eigene Vergesslichkeit und Schusseligkeit im Unterricht unangenehm auf. So konnte er die Situation von Fidibus gut nachempfinden. Vielleicht lag es daran, dass er als Einziger in der Klasse mit seinem Zauberspruch nicht nur die Tür öffnete, sondern auch gleich seine Vergesslichkeit wegzauberte.

In seiner Geschichte lässt er Fidibus an einen Ort geraten, der auf ihn selbst eine unglaubliche Faszination ausübt – die Straßenbahn. Philipps erste Frage am Morgen des Projekttages an die Projektleiter war, ob sie mit der Straßenbahn gekommen seien. Seiner persönlichen Neigung entsprechend versetzt er Fidibus dann auch in eine Straßenbahn, wo er in Karl, einem Mitfahrenden, einen neuen Freund findet. Dieses Beispiel zeigt besonders deutlich, was viele Texte der Kinder weniger eindeutig, doch nicht minder intensiv auszeichnet. Ein spielerischer Umgang mit der Sprache und offene Gestaltungsräume der Fantasie schaffen die Grundlage für eine intensive sprachliche Begegnung und Auseinandersetzung der Kinder mit ihren eigenen Hoffnungen, Wünschen, Ängsten und Nöten, die in ihren Texten zum Vorschein kommen.

Geschichtengrammatik

Alle erzählten Geschichten folgen feststehenden Regeln, einer sogenannten „Geschichtengrammatik" (story grammar), was bedeutet, dass jede Geschichte unterschwellig eine Struktur einer bestimmten Anzahl geordneter Elemente aufweist. Die Struktur erlaubt es zum Beispiel einem Erzähler, das Geschehen, das er erzählen will, in bestimmte Abschnitte zu gliedern. Die meisten Menschen kennen diese Regeln für einen Aufbau einer Geschichte noch vom leidigen Aufsatzschreiben in der Schule. Dort hieß es: „Einleitung, Hauptteil, Schluss." Unbewusst verwenden diese Geschichtengrammatik aber auch Kinder, die noch gar nicht lesen und schreiben können, Geschichten aber aus der mündlichen Erzählpraxis kennen. Sie ist ihnen genauso wenig bewusst, wie sie einen Begriff von Grammatik haben, wenn sie Sätze bilden. In der Schulzeit muss an diese wichtigen Vorerfahrungen angeknüpft werden, damit aus dem Sprachgefühl eine Sprachbewusstheit entstehen kann. Beim literarischen Lernen sind die unbewusst aufgenommenen Baumuster der Geschichten die Grundlage dafür, dass Kinder produktiv mit dem Gelesenen und Gehörten umgehen können.

Tatsächlich gibt es also Grundelemente, die unerlässlich für eine Geschichte sind und ohne die sie weder erzählt noch aufgeschrieben werden könnte. Dazu gehört erstens, dass jede Geschichte einen Helden oder eine Heldin braucht, also eine Person, die als hauptsächlicher Handlungsträger fungieren kann. Die Handlung muss – zweitens – an einem bestimmten Ort und in einer bestimmten Zeit ihren Anfang nehmen. Der Ort kann natürlich wechseln, denn manchmal unternimmt der Held eine Reise und kommt in verschiedene Gegenden. Aber zunächst einmal braucht man einen Ausgangspunkt und der kann real, zum Beispiel in einem Zimmer, am Ufer eines Flusses, oben auf einem Berg und so weiter, sein. Er kann aber auch fantastisch sein. Ein Märchen könnte durchaus in der hintersten, dunkelsten Ecke einer Keksschachtel beginnen oder auf dem Grund einer Suppenschüssel.

Drittens braucht jede Geschichte ein Ereignis, das den Helden oder die Heldin zwingt, etwas zu unternehmen. Das kann ein relativ kleines Ereignis sein wie der überraschende Besuch eines fremden Gastes, es kann aber auch eine Notsituation eingetreten sein, die den Helden zum Handeln zwingt. Klassische Notsituationen sind zum Beispiel Krankheit, Verzauberung, Überfall, Entführung, Überschwemmung, Ausbruch eines Feuers, Verwüstung oder Tod. Auf diese Notsituation muss viertens der Held oder die Heldin reagieren, er oder sie muss etwas unternehmen, einen Plan zur Rettung schmieden, die Pferde satteln, sich Hilfe suchen, telefonieren, Ratgeber befragen. Was dann geschieht, kann auf und ab, vor und zurück führen, Irrtümer können auftreten, es kann Rückschläge geben, Umwege müssen verkraftet werden, aber endlich – endlich endet die Geschichte, indem – fünftens – der Konflikt glücklich gelöst wird.

Märchen haben besonders einfache, überschaubare, gut verständliche und trotzdem ästhetisch anspruchsvolle, nämlich die Imagination und Fantasie herausfordernde poetische Strukturen. Alles wird auf die Fläche der Handlung projiziert. Statt eines Ineinanders und Miteinanders herrschen in der Regel ein Nebeneinander und Nacheinander der Ereignisse. Die Figuren sind klar gekennzeichnet und eindeutig sortiert: Die Guten und die Bösen, die Schönen und die Hässlichen, die Starken und die Schwachen sind leicht zuzuordnen und zu benennen. Das Grundmuster der Handlung wiederholt sich: In eine fest umrissene Ausgangssituation mit bestimmten Grundfiguren wie zum Beispiel König, Tochter, Prinz, Drachen oder Ungeheuer, Zauberer oder Fee und an bestimmten, immer sich wiederholenden Orten wie einem tiefen Wald, Brunnen, Schloss, Königreich oder einer Wiese passiert eines Tages ein Unglück, kommt eine Bedrohung, wird etwas verzaubert und es muss ein Held ausgeschickt werden, der die Bedrohung abwendet, den Zauber löst, alles wieder gut macht. Das gute Ende kommt ganz gewiss. Die Aufgabe wird immer gelöst, die Prinzessin wacht wieder auf, sie heiratet den richtigen Mann, das Königreich ist wieder heil.

Im Märchen ist das gute Ende oberstes Gesetz. In einer Geschichte muss nicht unbedingt ein Happy End inszeniert werden, es gibt auch den sogenannten offenen Schluss, der den Zuhörer mit einem Nachdenken entlässt und zum Weiterspinnen einlädt. Aber auf gewisse Weise ist dennoch die Handlung erst einmal zu einem Schlusspunkt gebracht worden. Vom Anfang zum Ende lässt sich ein Bogen spannen, die Teile gehören zusammen und ergeben auch erst zusammen und in einer logischen Reihenfolge ein Ganzes.

Geschichtenschreiben ist daher immer ein Prozess des Bauens und Konstruierens, er hat eine innere Logik und macht Arbeit. Aber das Schöne daran ist, dass diese Arbeit eine sich lohnende Herausforderung darstellt und es jede Menge Hilfestellungen beim Geschichtenbauen gibt, zum Beispiel in jenen Baumustern, von denen im Folgenden einige vorgestellt werden sollen.

Die Grundbausteine einer Geschichte

- ein Held/eine Heldin
- ein Ort des Geschehens und eine Zeit, in der sie stattfindet
- ein Ereignis, das dem Helden/der Heldin geschieht und sein/ihr Leben verändert
- eine Reaktion des Helden/der Heldin auf dieses Ereignis
- eine Lösung des Konflikts, die das Ende der Geschichte herbeiführt

7. Serviettenmärchen

Thema und Intention

Märchen bieten Kindern durch ihre poetische und bildhafte Sprache viel Raum für eigene Spracherkundungen und Spracherfahrungen. In den Rätseln und Zaubersprüchen erleben sie die magische Funktion von Sprache ganz direkt. Die besonders klaren und einfachen Strukturen und Baumuster der Märchen sind hilfreich für eigene Schreibversuche.

Im Folgenden wird ein Schreibspiel vorgestellt, das zum Erfinden und Erzählen von Märchen anregt. Es beginnt mit einem Impuls, der die Kinder in erwartungsvolle Stimmung versetzt und ein wenig mit dem Geheimnis spielt, das alle Märchen umgibt. Vor den Kindern, in der Mitte des Stuhlkreises liegt ein zusammengeknotetes großes Bündel. Obenauf thront ein kleiner König. Der König, so wird den Kindern gesagt, wartet auf sein Märchen.

Das Märchen ist in dem Bündel versteckt.

Einstieg

Ist das Bündel aufgeknotet, erscheinen darin zwölf (oder je nach Anzahl der Kinder mehr oder weniger) noch einmal verschlossene Bündelchen. Sie sehen für die Kinder aus wie kleine Päckchen, was ihre Neugier steigert. Jedes der kleinen Bündel ist in die gleiche Papierserviette verpackt. Das hat einen Grund. Die Serviette, genauer gesagt das Muster der Serviette, soll in dem Märchen auch mitspielen.

Geschichtengrammatik

Was ist im Inneren der Bündel versteckt? Zwölf Märchen zum Selbst-Zusammenbauen! Der Begriff des „Zusammenbauens" wird hier mit Absicht verwendet. Damit wird angedeutet, dass es schon etwas gibt, was verwendet werden kann, und dass damit das Schreiben ein handwerklicher Vorgang wird, auf den sich jeder einlassen kann. Kinder bauen gern etwas zusammen und zerlegen auch sehr gern etwas in Einzelteile. Der Vorzug der Märchen als Gattung ist, dass sie tatsächlich aus bestimmten, immer wiederkehrenden Bauteilen

bestehen. Alle Märchen haben einen Märchenhelden, einen Ort des Geschehens und es gibt Aufgaben, die der Held in einer bestimmten, in der Regel einer Notsituation lösen muss.

Organisatorische Hinweise

Zielgruppe: besonders Klassen 1 und 2
Material: ein Paket Papierservietten mit einem möglichst gegenständlichen schönen Muster, zum Beispiel Blumen, Pflanzen, Tiere, Obst, Stillleben aller Art; für die Gestaltung der Schlossbücher farbigen Zeichenkarton, Buntstifte, Schere
Zeit: 60–90 Minuten
Bemerkungen: Als Beutelinhalt sind Fingerpuppen, kleine Spielzeugtiere und -puppen, Gegenstände aus der Puppenstube, auch Miniaturen, wie sie zum Beispiel in Setzkästen zu haben sind, geeignet. Es gibt sie in Spielzeug- und Souvenirläden, auf Weihnachtsmärkten und natürlich in den Kinderzimmern selbst.

Schreibanregung

Die Hauptperson des zu schreibenden Märchens thront sichtbar vor allen auf dem großen Beutelbündel: ein kleiner König. Während das große Bündel noch verschlossen ist, wird der Anfang des Märchens erzählt. Danach wird das große Bündel aufgeknotet und die Kinder bekommen die kleinen Serviettenpäckchen in die Hand.

Erzählanfang

Es war einmal ein kleiner König, der wohnte am Ende der Welt in einem Schloss mit sieben Türmen, einem großen Park und einem See mit Wildenten. Jeden Morgen lief er mit seinem kleinen Hund durch den Park, dann frühstückte er, las die Zeitung, telefonierte ein wenig und ging dann in sein Arbeitszimmer.

II. Schreibszenarien. 21 Beispiele

Eines Morgens, als er gerade ein Stück Zucker in seine Kaffeetasse werfen wollte, klopfte es an der Schlosstür. Es klopfte sehr laut. Der kleine König öffnete, und vor ihm stand ...

Hier besteht das Muster der Serviette aus Rosen. Ist das vielleicht ein Rosenstrauß? Oder eine Rosenhecke? Eine Rosentapete? Ein Rosenduft?

Die kleinen Serviettenbeutel können nun geöffnet werden, und in jedem kommen zwei Dinge zum Vorschein. Mit diesen zwei Dingen soll nun das Märchen weitererzählt werden. Außerdem soll – und das ist für alle absolut verbindlich – das Muster der Papierserviette in der Geschichte eine Rolle spielen. Das Märchen soll als Gruppenarbeit ausgedacht, aufgeschrieben und mit einer entsprechenden Buchform gestaltet werden. 12 Bündel reichen für 24 Kinder, wenn sich immer 2 Kinder zusammenfinden, die das Märchen erfinden wollen. Es kann aber auch mit Dreiergruppen gearbeitet werden.

Wenn die Bündel geöffnet und die Dinge ausgiebig genug angeschaut worden sind, geht es an das Konstruieren der Märchenhandlung. Da in jedem Fall eine zweite Person in die Handlung eingebracht worden ist, ist es möglich, sie zum Gegenspieler wie auch zum Mitspieler zu machen. Ob das ein Tier oder ein Mensch ist, ist dabei völlig unerheblich. Im Märchen kann auch ein Nilpferd Geige spielen, an der Schlosstür klopfen und mit dem König zu Abend essen wollen.

Alle Kinder haben also diese Bauteile zur Verfügung: Eine Hauptperson, eine zweite Person und irgendein sonderbares Ding. Es gibt außerdem einen Ort des Geschehens und einen zeitlichen Beginn: *Eines Tages klopfte es an der Schlosstür ...* Das Schloss ist auch die Buchform, die sich sehr gut eignet, die fertigen Märchen aufzunehmen.

Geschichtengrammatik

Im Inneren der Beutel können zum Beispiel sein:

- ein Storch und ein Liegestuhl
- ein Nilpferd und eine Geige
- eine Schildkröte und ein Nudelholz
- ein kleiner grüner Geist und ein Radiergummi
- ein schwarzer Herr und ein Telefon
- eine Maus und eine Kaffeemühle
- ein Mädchen und eine Kuh

Es gibt viele interessante Serviettenmuster

Buchform für Schlossbücher

Beobachtung

Die Sinnlichkeit und das Geheimnisvolle des Spiels und die für alle nachvollziehbaren Spielregeln der Schreibaufgabe helfen den Kindern, sich auf das Märchenerfinden einzulassen. Der König bekommt sein Märchen und die Kinder werden selbst zu Märchenerzählern und damit auch zu Märchensachverständigen. Denn wer in das Innere einer Sache schauen, wer sie womöglich auseinander- und wieder zusammenbauen kann, der kennt sich ein bisschen besser damit aus.

Die Sache ist hier das Märchen selbst und die Kinder können in sein Inneres schauen und damit hantieren. Das erfüllt sie mit Vergnügen und Zufriedenheit. Wenn sie später an einem schön gedeckten Tisch mit Servietten sitzen, kann es allerdings passieren, dass sie nachdenklicher auf die Serviette schauen als nötig und ein wenig zögern, sie zusammenzuknüllen. Wer weiß, vielleicht verbirgt sich ja noch ein Märchen darin?

 ## Beispiele

Die nachfolgenden drei Serviettenmärchen hatten jeweils zwei Dinge (Kaffeemühle und Geier, Maus und kleiner Koffer, Nilpferd und Königsstuhl) in einer Serviette mit Rosenmuster eingeknüpft.

Geschichtengrammatik

Die Rosenprinzessin
Die Rosenprinzessin hatte eine goldene Kaffeemühle. Darauf passte ein braun-weiß-grau-schwarzer Geier auf.
Eines Tages war die goldene Kaffeemühle weg. Der Geier rannte zur Rosenprinzessin und erzählte, dass die goldene Kaffeemühe weg ist. Die Rosenprinzessin und der Geier suchten im ganzen Schloss. Da dachten sie, der König wollte doch die Kaffeemühle schon immer haben. Dann rannten sie so schnell wie möglich zum König. Er hatte sie natürlich. Die Rosenprinzessin fragte: „Wo ist die Kaffeemühle?" Sie fragten ihn: „Warum hast du die Kaffeemühle gestohlen?" Er sagte: „Meine Kaffeemühle ist kaputt. Da dachte ich, ihr habt doch eine goldene Kaffeemühle. Ich wollte mir sie ausleihen, aber ihr wart nicht da. Entschuldigung." Sie nahmen es an. Alle wurden beste Freunde.
Ulrike, Marie, Antonina, alle 9 Jahre

Das Rätsel
Ich bin der kleine König, und wie ihr wisst, wohne ich in einem Schloss. Einmal roch ich Rosenparfüm. Ich folgte dem Geruch und traf eine Maus. Sie sagte: „Das Parfüm riecht gut, was? Ich würde es dir geben, wenn du mein Rätsel löst. Es liegt hier in dem Koffer. Öffne ihn!" Der kleine König öffnete den Koffer und darin lag ein Zettel. Darauf stand „Ältestes Rätsel der Welt". Der kleine König überlegte. Er setzte alle komischen Zeichen zusammen und raus kam das Wort „Hähnchenkeule". Das erinnert ihn daran, dass er noch nicht Mittag gegessen hat, und so aßen die beiden schön und das Parfüm gehörte dem Bär.
Lea und Antonia, 8 Jahre, Kristina, 10 Jahre

Das Überraschungspäckchen
Als der König die Tür aufmachte, sah er ein Nilpferd. Das hatte ein großes Päckchen in der Hand. Da fragte der König: „Von wem ist das Päckchen?" Und das Nilpferd antwortete. Eine brummige Stimme ertönte: „Das weiß ich nicht. Ich lese die Absender nicht." Der König verabschiedete sich vom Nilpferd, das ihm das Päckchen überreichte. Leider war das Päckchen viel zu schwer, deshalb rief der König einen Diener, der ihm das Päckchen in sein Wohnzimmer tragen sollte. Als der König die Treppe hoch in sein Wohnzimmer lief, stolperte er fast über seinen roten Teppich. Nun, im Wohnzimmer angekommen, packte er so schnell wie möglich das Päckchen aus. Darin war ein neuer Thron. Auf dem Thron war ein Säckchen mit Rosensamen. Den schönen, mit rotem Flies gepolsterten Thron ließ er in seinen Speisesaal bringen. Die Rosensamen wollte er eigenhändig in sein Gärtchen einpflanzen.
Nach 15 Jahren wuchs eine wunderschöne, rote Rose heran. Da freute sich der König, dass endlich mal in seinem Garten etwas wuchs.
Und wenn er nicht gestorben ist, so freut er sich noch heute.
Annalena und Sophie, beide 9 Jahre

II. Schreibszenarien. 21 Beispiele

8. Geschichten vom Deichschaf

Thema und Intention

Dieses Schreibspiel wurde zum ersten Mal mit Kindern ausprobiert, die an der Nordsee wohnen und in deren Landschaft es neben dem Meer, dem Strand, den Deichen auch besonders viele Deichschafe gibt. Für diese Schafe sollten neue Märchen erfunden werden, weil die alten Schafsmärchen allzu bekannt und deshalb auch schon ein wenig langweilig geworden waren. In allen Geschichten sollte es um ein Schaf gehen, aber es sollte nicht irgendeines der bekannten Deichschafe sein, sondern ein ganz besonderes, ungewöhnliches Schaf, dem dann auch noch eine besondere, nämlich ziemlich komische Geschichte passiert. Deshalb würde das *Schaf*, damit es in ein neues Märchen passte, zunächst ein wenig verwandelt werden.

Natürlich kann das Schreibspiel auch mit Kindern gespielt werden, die in den Bergen oder in einer Stadt leben. Dann kann als Hauptheld vielleicht eine Kuh, ein Pferd oder auch nur eine Katze oder ein Hund agieren. Das Prinzip des Spiels bleibt das gleiche, immer wird ein fantastisches Tier mithilfe eines sehr einfachen, aber höchst wirkungsvollen Sprachspiels erfunden und dann in den Mittelpunkt einer eigenen Geschichte gestellt.

Einstieg

Für den Beginn der Geschichtenwerkstatt gibt es zwei Möglichkeiten. Zum einen kann man mit vergnüglichen Sprachspielen beginnen, die das Wortmaterial – die Baustoffe der zu erfindenden Geschichte – bereitstellen und erproben. Zum anderen kann mit einer Rahmenerzählung begonnen werden, die in die Geschichte einstimmt.

Für den Beginn mithilfe eines Sprachspiels braucht es zwei Wörterkistchen, die auch von den Kindern selbst im Vorfeld hergestellt und später für andere Schreibspiele wiederverwendet werden können. Im ersten Kästchen sollen sich Wörter befinden, die essbare und trinkbare Dinge bezeichnen, zum Beispiel *Makkaroni, Zitrone,*

Kirsche, Kakao, Kuchen, Apfel. In dem zweiten Kästchen befinden sich Wörter, die einen Alltagsgegenstand bezeichnen (*Gitarre, Kaffeemaschine, Brille, Socken, Schuh, Sofa, Fahrrad* etc.).

Zunächst sollte ein Wort aus der ersten Kiste gezogen und mit dem Grundwort *Schaf* zusammengesetzt werden. So entstehen augenblicklich sehr komische, sonderbare Schafe. Die Kinder der Grundschule an der Nordsee fanden zu ihrem großen Vergnügen auf diese Weise ein *Kirschenschaf, Kiwischaf, Blutorangenschaf, Käseschaf, Zitronenschaf* und so weiter. Das so gefundene fantastische Tierwort wird der Ausgangspunkt der zu schreibenden eigenen Geschichte.

Die Wörter aus der zweiten Wörterkiste werden für den Fortgang der Geschichte gebraucht. Hierfür ist nun die Rahmenerzählung nötig, die allerdings gut auch als erzählerischer Einstieg vor die Sprachspiele gesetzt werden kann.

Organisatorische Hinweise

Zielgruppe: Klassen 2–4
Material: Schreibmaterialien, Buntstifte, zwei Kästchen für Wörterkärtchen, weißer Zeichenkarton im DIN-A3-Format für die Schafbücher
Zeit: 90 Minuten
Bemerkungen: Statt des *Schafs* als Grundwort für das Sprachspiel kann jedes andere Tierwort verwendet werden. Wichtig ist, dass die Kinder dazu einen Bezug herstellen können. In alten Ausgaben der Zeitschrift *Der bunte Hund* (Verlag Beltz & Gelberg) wurde sehr kreativ mit dem Wort *Hund* gespielt und ein Hundelexikon angelegt, das Essgewohnheiten, Vorlieben, Farbe, Aussehen und so weiter des besonderen Hundes festhielt. Nach diesem Vorbild kann mit jeder Tierart ein ABC-darium oder ein Tierlexikon in Gruppenarbeit erstellt werden.

Schreibanregung

Die Rahmenerzählung dient wie in allen Schreibszenarien dazu, den Erzählton herzustellen und eine Atmosphäre zu schaffen, in der Kinder Lust bekommen, selbst eine Geschichte herbeizufantasieren.

Erzählanfang

Es war einmal ein Schaf, das stand jeden Tag neben den anderen Schafen auf dem Deich am Meer und lief mal hierhin und mal dahin. Über ihm wölbte sich der hohe Himmel, an dem im Spätsommer viele kleine weiße Wolken aufzogen und an manchen Tagen auch Regen herabfiel und alles in ein schweres dunkles Grau hüllte. An so einem wolkenreichen Tag Ende September stand das Schaf wie immer auf dem Deich und wollte gerade etwas nach links zum Meer hinunterlaufen, als sein Fuß gegen etwas stieß. Das Schaf blickte zu Boden und da sah es …

Der Erzählanfang stellt vor, was schon da ist, nämlich der Anfang der Geschichte und eine bestimmte Figur, um die es gehen soll, in diesem Fall ein Schaf auf dem Deich. Aber das Schaf in diesem Schreibspiel ist bereits ein wenig ausgestattet. Es ist eben nicht irgendein ganz alltägliches Schaf, sondern es ist mithilfe des Sprachspiels der Wortzusammensetzung zu einem nichtalltäglichen, einem besonderen Schaf geworden. Und nun kommt ein weiterer Baustein der Geschichte hinzu: In dem zweiten Wörterkästchen befand sich der Name eines Gegenstandes. Dieser Gegenstand soll nun in die Geschichte eingebaut werden.

Das ist das Spiel: Neben dem Erzählanfang gibt es Bausteine, aus denen die Geschichte zusammengebaut werden kann. Der ungewöhnliche, komische Name des Haupthelden *Schaf* ist der eine Baustein, und ein (eigentlich beliebiger) Gegenstand wird dazu genutzt, das Handlungsgeschehen voranzutreiben. Das Schaf stößt mit dem Fuß an einen Gegenstand, erzählt die Geschichte. Und dann? Was passiert nun? Natürlich kann dieser Moment auch variiert werden: Das Schaf muss nicht unbedingt stolpern. Es kann den Gegenstand auch vergessen haben, verloren haben, ihn entdecken, ihn mit der Post zugeschickt bekommen und so weiter. Der Gegenstand ist das irritierende Moment, er treibt das Geschehen voran, irgendetwas muss ja passieren – wie reagiert das Schaf auf den Gegenstand?

Alle Kinder haben diese zwei Bauteile „in der Hand": ein komisches, selbst erfundenes fantastisches Tier, das eindeutig in der Geschichtenwelt zu Hause ist, und ein Wortkärtchen mit dem Namen eines Gegenstandes, der nun eine Herausforderung darstellt. Wie kann beides zusammengebaut werden? Darum herum ist der Geruch vom Meer, die Farbe des Himmels darüber, ein Regenschauer, ein bestimmtes Licht und die Ahnung von etwas, was gleich geschehen wird, wenn man anfängt, es zu erzählen.

Beobachtung

In diesem Schreibspiel haben die Kinder besondere Buchformen entwickelt. Sie haben auf einen zusammengefalteten Zeichenkarton die Umrisse eines Schafes gezeichnet, ausgemalt, das Schaf entlang des Umrisses ausgeschnitten und nach dem Aufklappen eine Innenseite erhalten, in der sie die Schafgeschichte schreiben konnten. So entstanden die besonders originellen Schafbücher.

Beispiele

Als das Kirschschaf sein Fahrrad suchte
An einem schönen Morgen hatte das Kirschschaf Lust Fahrrad zu fahren. Also stieg es auf sein Rad und brauste los.
Da sah es einen Brötchenladen. Es wollte sich eins holen und stellte das Rad auf den Fahrradständer. Dann, als das erledigt war, ging es rein. Als es wieder rauskam, hatte es vergessen, dass es mit dem Fahrrad gekommen war. Am nächsten Morgen wollte das Schaf wieder mit seinem Rad zum Brötchenladen, aber es fand sein Rad nicht. Es suchte überall und fand nur einen Gummistiefel, einen alten Hut und eine Socke. Gerade als es das Huhn, also seinen Freund,

anrufen wollte, klingelte es an der Tür. Das Schaf öffnete und sah den Verkäufer des Brötchenladens. Er hatte das Fahrrad gefunden. Das Kirschschaf war überglücklich und bedankte sich mehrmals und fuhr jetzt jeden Tag zum Bäcker. Sie fahren jetzt auch manchmal zusammen und haben riesigen Spaß dabei.
Valerie, 9 Jahre

Als das Limonadenschaf einen Hut fand
Das Limonadenschaf trank jeden Tag 2 Liter Limo. Deswegen ist sein Haus auch so groß. Es selbst hatte bloß einen Quadratmeter Platz, weil alles voller Limonade war.
Eines Tages fand es einen Hut vor seinem Haus. Als Erstes lief es zum Schokoschaf, dem gehörte er nicht. Als Zweites lief es zum Bananenschaf, dem gehörte der auch nicht. Als Letztes lief es zum Gurkenschaf, dem gehörte der Hut aber auch nicht. Ganz erschöpft legte es sich schlafen. Ein eigenartiges Schnaufen weckte das Limonadenschaf. Aus dem Dunkeln sah es den Roastbeefwolf. Er fragte ihn ängstlich: „Gehört der Hut dir?" „Ja", kam die etwas freundliche Antwort. „Wenn du ihn mir zurückgibst, hast du einen Wunsch frei." „OK. Hier hast du deinen Hut." Es gab dem Wolf seinen Hut. „Ich wünsche mir, dass du nie wieder Schafe frisst."
Und so waren alle glücklich.
Jonas, 10 Jahre

Das Kiwischaf
Als das Kiwischaf spazieren gehen wollte, blieb es an einer Eiche stehen. Es sah einen Turnschuh auf der Eiche hängen. Er sah aus wie der, den es zum Geburtstag gekriegt hatte. Es kletterte rauf, nahm den Turnschuh, ging nach Hause und sah die Schuhe an. Sie waren beide gleich. Es zog sie an und ging noch mal los.
Anne, 9 Jahre

Beispiele für die gestaltete Buchform der Schafsbücher

II. Schreibszenarien. 21 Beispiele

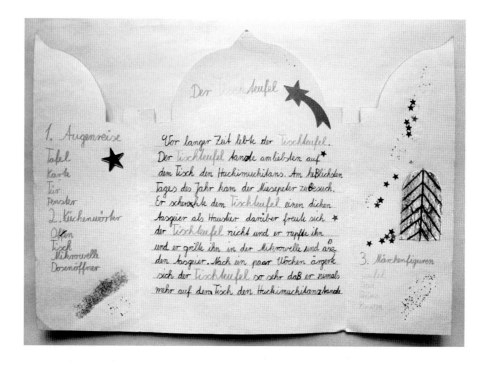

9. Das Fünf-Sätze-Märchen

Thema und Intention
Alle Geschichten folgen bestimmten Baumustern. Ein Baumuster bildet das Erzählgerüst und strukturiert die zeitliche Abfolge des Geschehens. Besonders deutlich lassen sich Baumuster in den Märchen entdecken und nachweisen. Dort wird der Held zu einer bestimmten Zeit und an einem bestimmten Ort mit einer Notsituation konfrontiert, die er lösen muss. Er zieht in die weite Welt, tötet den Drachen und befreit die Prinzessin, am Ende wird glücklich Hochzeit gefeiert.

Einstieg
Das Schreiben einer eigenen Geschichte nach einem bestimmten, vorgegeben Baumuster kann mit einem Sprachspiel eingeleitet werden, das dazu dient, das Zutrauen der Kinder in die Machbarkeit einer Geschichte zu stärken. Das Spiel heißt „Geschichten aufwecken", und aufgeweckt werden zunächst einmal die Dinge, die vielleicht in der Geschichte mitspielen könnten.

In jedem Zimmer befinden sich immer viele Dinge. Das beginnt bei den Gegenständen und Materialien des Raumes selbst: Wand, Tür, Fenster, Dielenbretter, Teppich, Stuhl, Tisch, Lampe, Gardine und so weiter und endet bei den in den Hosentaschen der Kinder verborgenen kleinen Gegenständen.

Diese zufällig vorhandenen Dinge können von den Kindern mit den Augen vom Raum „abgelesen" werden. Die Suchaufgaben können dabei variiert werden. Die Kinder können zum Beispiel nach großen oder kleinen, runden oder spitzen, blauen oder grünen Dingen suchen und Wörter zusammenstellen. Dieses Spiel verbindet das bewusste Wahrnehmen mit dem sprachlichen Artikulieren. *Wahrnehmen und Benennen* sind die Grundübungen der „Kopfgymnastik", mit denen jedes Schreibspiel mehr oder weniger beginnt. Hierbei werden die fünf Sinne der Wahrnehmung trainiert und sensibilisiert. Was ist das und wie heißt das, was ich gerade sehe, rieche, schmecke, taste? Die Dinge werden bewusst wahrgenommen und bekommen einen Namen: ein Wort, das ausgesprochen oder auch aufgeschrieben wird.

Noch ist den Kindern nicht klar, wohin dieses Spiel führen wird. Aber während sie sich konzentriert im Raum umsehen, die Dinge bewusst wahrnehmen, geschieht es, dass sie sich ihnen auch auf neue Weise nähern. Noch sind die Dinge im Raum stumm. Sie sind es so lange, bis wir anfangen, von ihnen zu erzählen. Dann wachen die Dinge auf und nehmen Platz in den Geschichten. Noch ist es ganz still im Raum. Aber kann man da nicht ein leises Jammern hören? Die Dinge bitten und betteln: Macht eine Geschichte für uns! Bitte!

Diese magischen Momente bewusst zu inszenieren und auszukosten, ist für das Gelingen aller Schreibszenarien sehr wichtig. Durch dieses intensive Wahrnehmen und Erspüren der Atmosphäre des jeweiligen Raumes und der Situation wird der Übergang vom Alltag in die Geschichtenwelt vorbereitet und erleichtert.

Eine Sammlung von Wörtern – die Namen der Dinge in diesem Raum – ist aber immer noch keine Geschichte. Die Dinge des Raumes (Fenster, Stuhl, Gardine) sind, für sich genommen, sehr banal. Man kann ihre Eigenschaften beschreiben, ihr Aussehen, ihre Funktion, ihren Platz im Raum. Eine Beschreibung ist keine Geschichte. Eine Geschichte braucht Figuren. Wie wird eine Lampe oder ein Stuhl der Held einer Geschichte? Hans Christian Andersen hat es uns in seinen „Wirklichkeitsmärchen" vorgemacht. Dort verliebt sich die Stopfnadel und die Teekanne ist unglücklich.

Ein immer wieder gern verwendetes „Werkzeug zum Geschichtenerfinden"[14] lautet deshalb: Nimm eine bekannte Figur aus einem Märchen und setze sie mit dem Ding, das du gerade im Raum ausgesucht hast, zusammen. So entsteht der Hauptheld der Geschichte und damit der erste Satz einer möglichen Geschichte:

Es war einmal ein *Lampen*könig....
Es war einmal eine *Stuhl*prinzessin
Es war einmal ein *Teppich*zwerg...
Es war einmal eine *Steckdosen*hexe....

Ist der erste Satz erst einmal da – und auf die hier beschriebene Weise entsteht meist ein komischer Satz – ist es für viele Kinder kein Problem, die Geschichte weiterzuspinnen und dem ersten noch weitere Sätze folgen zu lassen. Erzählrunden entstehen und die fertigen Geschichten können auch schriftlich festgehalten werden.

II. Schreibszenarien. 21 Beispiele

Organisatorische Hinweise

Zielgruppe: Klassen 3 und 4
Material: Schreibmaterialien, Buntstifte, Schere, weißer oder farbiger Zeichenkarton im Format DIN A4 für die Schloss- oder Turmbücher
Zeit: mindestens 90 Minuten
Bemerkungen: Da hier mit spezifischen Merkmalen von Märchen wie zum Beispiel den Märchenfiguren gearbeitet wird, bietet es sich an, in bekannten Märchen nach solchen Grundfiguren zu suchen und das Märchenwissen der Kinder dabei zu erweitern.

Schreibanregung 1

Im Folgenden wird ein Baumuster vorgestellt, das zum Schreiben einer eigenen und nur fünf Sätze umfassenden Geschichte einlädt. Das Baumuster ist leicht verständlich, gut zu befolgen und führt eigentlich immer zu guten Ergebnissen.

Im ersten Schritt wird die Buchform gebastelt, in die die kleine Geschichte hineingeschrieben wird. Das Basteln der Buchform ist für viele Kinder, die unter Schreibblockaden leiden, eine große Motivation und zudem noch sehr entlastend. Ihre handwerklichen Fähigkeiten werden einbezogen. Man kann schneiden, falten, malen.

Einfach herzustellen ist die Buchform eines Schlosses (siehe Abbildung S. 64). Es besteht aus einem gefalteten Zeichenkarton im Format DIN A4, der sich durch die Faltung in der Mitte aufklappen lässt. In das Innere des Papierschlosses wird die Geschichte hineingeschrieben. Außen kann die Schlossfassade mit Fenstern, Schlosstür und Turmspitzen gemalt und gestaltet werden.

Im zweiten Schritt müssen Wörter eingesammelt werden, aus denen die Kinder die Geschichte bauen. Die Wörter werden in die beiden linken und rechten Schlossflügel im Inneren notiert.

Wörter sind die Grundmaterialien aller zu schreibenden Geschichten und man muss sie bereitstellen wie ein Baumaterial, wenn man eine Geschichte mit ihnen bauen will.

Die eingesammelten Wörter werden so in das Schlossbuch notiert:
- Auf die *linke Innenseite* des Klappbuches schreiben die Kinder *drei* ihnen bekannte Märchenfiguren (aber bitte keine Eigennamen wie Rapunzel oder Rotkäppchen, sondern Figuren wie König oder Königin, Hexe, Prinz, Drache, Zwerg).
- Auf die *rechte Innenseite* des Klappbuches werden die Namen von *dreizehn Dingen* geschrieben, die die Kinder entweder in dem Raum, in dem sie sich gerade befinden, vorfinden oder die sie an einem anderen Ort (Wörter aus der Küche, Wörter aus dem Garten, Wörter im Keller) einsammeln können.
- Auf die *Mittelseite* des Klappbuches (innen) kommen dann die *fünf Sätze* der Geschichte. Für fünf Sätze ist Platz, und nach fünf Sätzen ist die Geschichte tatsächlich zu Ende!

Zuerst werden Wörter gesammelt

mindestens drei Märchenfiguren	mindestens drei Dinge (zum Beispiel aus der Küche)
Prinz	*Bratpfanne,*
Prinzessin	*Nudeln, Salz, Brot,*
Hexe	*Herd, Quirl,*
	Pudding, Gemüse, Kochbuch,
	Herd, Besen, Küchentisch, Rezept

Das Baumuster des Schreibspiels

1. Satz   Wort von den Außenseiten zusammensetzen: so entsteht die Hauptfigur
   Es war einmal ein Bratpfannenprinz ...
2. Satz   Lieblingsbeschäftigung der Hauptfigur
   Am liebsten kochte er Nudeln mit Sauce.
3. Satz   Besuch kommt. Dazu wieder jeweils ein Wort von den zwei Außenseiten zusammensetzen
   Eines Tages klopfte es an der Schlosstür und die Puddingprinzessin stand davor.
4. Satz   Was für ein Geschenk bringt der Besuch mit?
   Sie brachte ein selbstgeschriebenes Kochbuch mit.
5. Satz   Was passiert nun?
   Seitdem sitzen sie zusammen am Küchentisch, lesen sich Rezepte vor und überlegen, was sie zu ihrer Hochzeit kochen könnten.

Beispiel

Es war einmal eine Blätterhexe. Sie spielte am liebsten auf dem Spielplatz. Es kam einmal ein Räuberwind. Er brachte einen Zauberhut mit und schenkte ihn der Blätterhexe. Von nun an übte sie zaubern.
Marie, 7 Jahre

II. Schreibszenarien. 21 Beispiele

Schreibanregung 2

Märchen, die in bestimmten Jahreszeiten spielen, lassen sich ebenfalls mit diesem einfachen und leicht abgewandelten Baumuster anregen. Das Baumuster des „Wintermärchens" lässt sich natürlich besonders gut vermitteln, wenn man auf eine winterliche Szenerie vor den Fenstern zurückgreifen kann. Dann fällt es leicht, vom bitterkalten Winter und dem endlos fallenden Schnee zu erzählen und damit eine Einstimmung in die Atmosphäre der Geschichte herzustellen. Vielleicht können Fotos winterlicher Szenerien mitgebracht und als stummer Impuls auf die Arbeitstische der Kinder gelegt werden Die Fotos müssen nicht besonders gegenständlich gehalten sein, sie sollen nur helfen, sich an das Gefühl winterlicher Kälte mit Schnee und Eis zu erinnern. Bei einem Sommermärchen wird entsprechend der sommerlichen Atmosphäre ein Bild von Blühendem, Grünendem, von Sonne und Licht benötigt, das die Gedanken ins Helle des Sommers fliegen lassen kann.

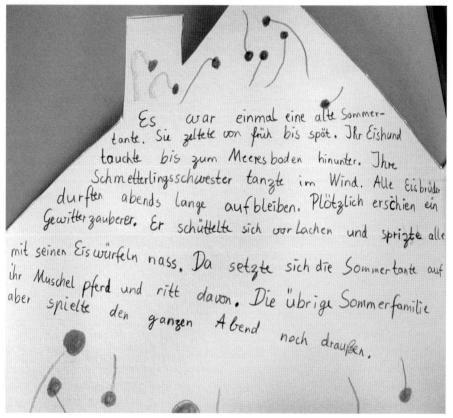

Geschichte von der alten Sommertante

Geschichtengrammatik

Organisatorische Hinweise

Zielgruppe: Klassen 2–4
Material: Fotos oder Gegenstände, die winterliche oder sommerliche Atmosphäre assoziieren helfen, Schreibmaterialien, Buntstifte
Zeit: 90 Minuten
Bemerkung: Das Bilderbuch *Ho Ruck* von Heinz Janisch und Carola Holland (Wien: Annette Betz Verlag, 2005) ist ein schönes Beispiel für ein Geschichtenbaumuster, das zum kreativen Gebrauch einlädt. Im Buch wird eine Geschichte in zwölf Sätzen vorgestellt, die auf den Bildern zu sehen ist, verbal aber erst hergestellt werden muss. Das Bilderbuch bietet lediglich das Erzählgerüst an, die Leser müssen die Sätze noch „füllen".

Das Baumuster selbst besteht wiederum aus einem Gerüst von nur fünf Sätzen, die gewissermaßen den roten Faden für die zu schreibende Geschichte bilden. Das Satzgerüst ist wie ein Skelett, das die Kinder erst aufpolstern und ausstaffieren müssen, bevor es als Geschichte erwachen kann. Es ist bemerkenswert, dass die Kinder, mit denen dieses Schreibspiel ausprobiert wurde, mit der abstrakten Form dieses Erzählgerüstes kein Problem hatten. Es erschien ihnen offenbar wie eine Formel, die ihnen ermöglichte, etwas zu berechnen und damit auch planen zu können. Sie fanden es spannend, den Versuch zu wagen, aus dem Skelett eine Gestalt werden zu lassen.

Ein Wintermärchen

Im ersten Satz ist es sehr, sehr kalt.
Im zweiten Satz steht ein König/eine Königin am Fenster.
Im dritten Satz sieht er/sie etwas Seltsames.
Im vierten Satz überlegt sich der König/die Königin, was das Seltsame sein könnte.
Im fünften Satz endet die Geschichte.

Ein Sommermärchen

Im ersten Satz ist es sehr, sehr heiß.
Im zweiten Satz liegt ein König/eine Königin auf einer Wiese und ruht sich aus.
Im dritten Satz hört er/sie plötzlich ein Geräusch. (Was für ein Geräusch? Wer kommt?)
Im vierten Satz wird dem König/der Königin eine ungewöhnliche Nachricht überbracht. (Welche Nachricht? Was ist geschehen?)
Im fünften Satz erhebt sich der König/die Königin von der Wiese und tut etwas. (Was macht er/sie?)
Hier endet das Märchen – vielleicht ganz offen?

Auch mit farbigen Materialien wie Wollresten, Stoff, Filz, Schnur und Naturmaterialien lässt sich eine Stimmung assoziieren. So können zum Beispiel blaue, an Meer und Wasser erinnernde Materialien als Einstieg für ein Wassermärchen genutzt wurden. Das Baumuster des Wassermärchens entsteht dann durch eine einfache Variation der oben stehenden Baumuster. Denkbar sind aber auch: Gartenmärchen, Nachtmärchen, Regenmärchen, Blumenmärchen, Schokoladenmärchen, Schulmärchen, Baummärchen, Himmelsmärchen und so weiter.

Beispiele

Die Sternkönigin
Es war einmal ein sehr, sehr kalter Tag. Die Sternkönigin guckte aus dem Fenster. Da sah sie einen goldenen Stern mit einem silbernen Gesicht. Der guckte die Königin an und flog vorbei. Bin ich das gewesen? Ich heiße doch Sternenkönigin, dachte die Königin. Dann ging sie schlafen und träumte tief.
Theresa, 8 Jahre

Der Traum
Es war einmal eine Schule. Es war so kalt, dass die Klingel eingefroren war. Das merkte die Sonne und taute die Klingel auf. Auf einmal kommt ein Haus vorbei. Es wundert sich, weil es taut. Das Kind hat alles geträumt.
Dario, 7 Jahre

Es war einmal ein Gefrierschrank.
Aus dem sah ein Orangeneiskönig heraus.
Da sah er eine Taschenuhr auf dem Küchentisch liegen.
Wie spät ist es?, dachte der König.
Ah, 17.30 Uhr, und er verschwand wieder im Gefrierschrank.
Joel, 9 Jahre

Beobachtung

Wenn Kinder solche Baumuster zum Geschichtenschreiben nutzen, dann ist für sie die Aussicht, mit nur fünf Sätzen eine ganze, richtige Geschichte schreiben zu können, ganz besonders verlockend. Natürlich könnte man eine umfangreichere Geschichte daraus fortspinnen. Aber auch mit nur fünf Sätzen ist die Geschichte schon fertig!

Es ist in unseren Erprobungen nie vorgekommen, dass ein Kind es nicht geschafft hätte, seine Geschichte fertigzubekommen. Stolz konnte es nicht nur seine sprachliche Schöpfung, sondern auch sein gestaltetes Buch am Ende des Schreibprojektes mit nach Hause nehmen. Denn gleichzeitig mit der Geschichte, die das Kind schrieb, entwickelte und gestaltete es auch eine zu der Geschichte passende Buchform. So bekam die Geschichte noch einen schönen Rahmen und die Kinder konnten auch malen und zeichnen.

Die Verwandlung der Dinge

Das Glück kann in einem Stück Holz liegen. Ich habe eine Menge Stoff für Märchen. Mir ist oft, als sagte jedes Rankenwerk, jede Blume: „Schau mich ein wenig an, und meine Geschichte wird dir aufgehen!", und will ich es, so habe ich die Geschichte. Und gehe ich in den Garten zwischen den Rosen – ja, was haben nicht sie und die Schnecken mir schon erzählt! Sehe ich das breite Wasserrosenblatt, dann hat Däumelinchen schon seine Reise darauf beendet. Lausche ich dem Wind – er hat von Valdemar Daae erzählt und weiß nichts Besseres. Im Walde unter den alten Eichen muss ich mich erinnern, dass mir die alte Eiche ihren letzten Traum schon vor langer Zeit zugeflüstert hat ...

Hans Christian Andersen[15]

Es sind ganz banale Gegenstände: Stifte, Federn, Stöcke, Löffel, Knöpfe, Steine und so weiter. An ihnen scheint nichts Besonderes zu sein. Nichts, was es lohnenswert erscheinen lassen würde, ihnen größere Aufmerksamkeit zu schenken. Doch für den großen Märchendichter Hans Christian Andersen sind sie eine unerschöpfliche Quelle der Fantasie. Ähnlich geht es Kindern, die sich in einer Haltung erwartungsfroher Neugier den Gegenständen zuwenden, sie zu einem Bestandteil ihres Spiels machen. Für diese Kinder entwickeln sie ein ungeheures Sinnpotenzial. Da werden Kieselsteine zu Figuren, die sich auf einem Boot, das eigentlich ein Stück Rinde ist, auf die Reise machen können. Da wird aus einem Füllfederhalter und einem Lineal ein Flieger, der die langweiligen letzten zehn Minuten der Mathestunde überstehen hilft.

Hans Christian Andersen verrät uns, dass es auch in vielen Geschichten für Kinder ganz banale Gegenstände und Erfahrungen des alltäglichen Umfeldes sind, die in der Handlung neu inszeniert und in Sprache gegossen werden und so gerade durch die Differenz zu ihren alltäglichen Erscheinungsformen und Funktionen die Faszination ihrer Hörer und Leser gewinnen. Ein berühmtes Beispiel dafür ist Lewis Carrolls seltsame Geschichte von *Alice im Wunderland*, in der die kleine Alice einem sprechenden Hasen begegnet und in ein Abenteuer hineinrutscht, das gerade wegen seiner vielen eigenartigen Begegnungen mit banalsten Dingen, die aber im Wunderland alle ganz anders als gewohnt auftreten, eine ungemein komische und mitreißende Wirkung erzielt.

Alices Begegnungen mit den seltsamen Wesen finden alle in einem fremden Land statt. Das Wunderland ist der Ort, der in kreativen Schreibszenarien besucht werden kann. Die Schreibanregungen sollten den Kindern einen Übergang ermöglichen vom Hier und Jetzt der Realität in eine Welt der Fantasie, in der alles möglich ist und die sie nach ihrer persönlichen Lust und Laune verändern und gestalten können.

So sind denn auch einfache Gegenstände bestens geeignet, die Fantasie von Kindern anzuregen und kreative Schreibspielräume zu eröffnen. In den folgenden Anregungen stehen solche Alltagsmaterialien im Mittelpunkt, die mithilfe einer Verwandlung die Tür zum wunderbaren Geschichtenland eröffnen können. In eine neue Rolle geschlüpft, können sie dort zu den Helden der Geschichten der Kinder werden.

10. Knopfmärchen

Thema und Intention

Eine Sammlung verschieden großer und kleiner, alter und neuer, farbiger und aus verschiedenen Materialien bestehender Knöpfe kann für Kinder leicht zu einer Wunderkammer der Dinge werden. Wenn die Kinder noch klein sind, spielen sie mit den Knöpfen, indem sie Ordnungen für sie entwerfen. Sie ordnen nach Größe, nach Farbe, nach der Beschaffenheit der Oberfläche, nach Gewicht. Manchmal ist die Ordnung für uns Erwachsene schwer durchschaubar. Es sind eigene Regeln, nach dem diese Spiele der Kinder funktionieren, und sie entwerfen eigene Ordnungen, die nicht die unsrigen sind. Immer sind diese Spiele zugleich Sinnkonstruktionen. In diesen Entwürfen werden Zuordnungen hergestellt, verbergen sich Vorstellungen von Zusammenhängen und Beziehungen der Dinge untereinander und in Bezug auf das spielende Kind. Das kindliche Spiel mit den kleinen Dingen der Welt (Knöpfe, Steine, Äste, Blätter) verrät viel über das Kind und die Art und Weise seiner Fantasien.

In dem nun folgenden Schreibspiel werden Knöpfe zum Gegenstand des Erzählens und zum Ausgangspunkt für verschiedenste sprachliche Erkundungen gemacht.

Einstieg

Am Anfang steht die spielerische Erkundung des Haupthelden „Knopf". Ausgangspunkt ist eine Knopfkiste, in der sich möglichst viele unterschiedliche Knöpfe befinden. Es ist auch gut möglich, die Kinder im Vorfeld zu bitten, selbst eine kleine Auswahl verschiedener Knöpfe mitzubringen. Dem Staunen der Kinder über die Verschiedenartigkeit der Knöpfe, dem genüsslichen Erkunden des unterschiedlichen Materials sollte viel Raum gegeben werden. So können sich Vorstellungen über den Erzählgegenstand entwickeln, die später in eine eigene Geschichte einmünden werden.

Die Kinder bekommen Zeit zu entdecken, dass man die Knöpfe nach verschiedenen Kriterien sortieren und zuordnen kann: nach dem Material, nach der Größe, nach der Herkunft, nach dem Alter, nach der Funktion und so weiter. Das spielerische Zuordnen der Knöpfe verlangt bereits – und für die Kinder unmerklich – eine sprachliche Artikulation. Für die Ordnungen müssen Begriffe gefunden werden, und das ist Spracharbeit im besten Sinne!

Es gibt so viele verschiedene, aber einander in ihrer Funktion, ihrem Gebrauchswert sich ähnelnde Dinge, die alle benannt werden können. Die Knöpfe verschließen etwas (machen es auf und zu), sie halten etwas oder sie schmücken etwas.

Was es für Knöpfe gibt:
- ein Mantelknopf
- ein Kissenknopf
- ein Blusenknopf
- ein alter Knopf
- ein Wäscheknopf
- ein Glasknopf
- ein goldener Knopf

Viele Knöpfe sind rund. Das ist ihre wichtigste äußerlich sichtbare Eigenschaft. Mit welchen anderen runden Dingen können Knöpfe verglichen werden, womit lässt sich eine Verwandschaft herstellen?

Diese Anregung zielt bereits darauf, aus dem leblosen Knopf eine Person zu machen, den Gegenstand zu personifizieren. Das ist ein Vorgang, der in allen Märchen wie selbstverständlich stattgefunden hat und von niemandem mehr hinterfragt werden muss. Der Baum redet, die Schere springt vom Tisch, das Messer seufzt und der Backofen ruft das Mädchen an.

Das Anschauen, Vergleichen, Benennen, Sortieren des Gegenstandes Knopf, der Held in einer Geschichte werden will, lässt sich fortsetzen, indem man zu der Wahrnehmungsfähigkeit, die bisher aktiviert worden ist, auch die wunderbare Gabe der Vorstellungskraft bemüht: Wo kommt der Knopf her, der da in meiner Hand liegt, den ich betasten und anschauen kann? Was hat er für eine Geschichte? Ist es ein Knopf, der verlorengegangen ist, ein übrig gebliebener Knopf, oder gehört er gar an das Kleid einer richtigen Prinzessin?

Organisatorische Hinweise

Zielgruppe: besonders Klassen 1 und 2
Material: Schreibmaterialien, Buntstifte, viele verschiedene Knöpfe
Zeit: 90 Minuten
Bemerkungen: Für die Wortspiele mit dem Grundwort *Knopf* bietet es sich an, die Ergebnisse in der Buchform des Leporellos festzuhalten und zu gestalten. Leporellos sind besonders geeignet, einzelne Wörter oder einzelne Sätze aufzunehmen. Auch Leporellos in der Streichholzschachtel sind eine sehr geeignete Form dafür.

Schreibanregung 1: Die Zauberknöpfe

Der Impuls besteht hier in einer Anzahl ganz besonderer, nämlich gläserner Knöpfe, die auf dem Tisch vor den Kindern liegen und von ihnen ausführlich betrachtet und auch angefasst werden sollten. Die gläsernen Knöpfe einzeln in der Hand zu halten, ihr Farbenspiel zu betrachten, ihm nachzusinnen, in eine Beziehung zu diesen besonderen Dingen treten zu können, ist unerlässlich für das Entstehen der Geschichtenidee. Erst nach der sinnlichen Erfahrung, der Berührung der Dinge, sollten die Fragen gestellt werden, die zu einer Geschichte hinführen können. Die Frageimpulse können auf kleine Kärtchen geschrieben und zu den Knöpfen gelegt werden:

- Gehören diese Knöpfe an das Hochzeitskleid der Prinzessin, und hat sie jemand geraubt?
- Gehören die Knöpfe in das Glasmuseum der Stadt, und sind sie von dort eines Nachts verschwunden?
- Gehören die Knöpfe zur Glasfee, und haben sie Zauberkräfte?
- Hat jeder der Knöpfe eine andere Geschichte erlebt, gehörten sie ursprünglich zusammen und sind sie getrennt worden?

Schreibanregung 2: Es war einmal ein Knopf …

Als Impuls dient hier ein Geschichtenanfang, der zwei Knöpfe zu Helden einer Geschichte macht. Die Kinder sollten diese beiden Knöpfe von zu Hause mitgebracht haben oder sie aus einer zur Verfügung stehenden größeren Anzahl von Knöpfen selbst aussuchen können. Dadurch wird ein sinnlicher Bezug zum Gegenstand der Geschichte hergestellt, die Geschichte von vornherein subjektiv und individuell konstruiert.

Die Verwandlung der Dinge

Es war einmal ein Knopf, der lag zwischen lauter großen und kleinen Knöpfen in der Knopfkiste und langweilte sich. Eigentlich wollte er kein Knopf mehr sein. Eines Sonntags, sehr früh am Morgen, als die anderen Knöpfe noch schliefen, schlich er sich davon. Gleich hinter Leipzig traf er einen zweiten Knopf.
„Wollen wir zusammen gehen?", fragte der Knopf.
„Gern!", sagte der andere Knopf.
Da wurden sie ein Roller.
Oder wurden sie ein Fahrrad?
Oder wurden sie …?

Schreibanregung 3: Der kleine (andere) Knopf
Der nächste Geschichtenanfang nutzt ein Motiv, das Kinder in ihren eigenen Geschichten häufig verwenden und das auf kindlichen Erfahrungen basiert. Das Motiv des Außenseiters, des Kleinen, Anderen, Fremden und Besonderen ist für Kinder sehr reizvoll und bringt zudem von vornherein eine bestimmte Spannung in die Geschichte, die die Handlung fast von selbst in Gang setzt.

Es war einmal ein Knopf, der lag zwischen anderen Knöpfen in der Knopfschachtel. Die Knöpfe neben ihm waren schwarz oder braun oder weiß. Er war als einziger knallrot. Die anderen Knöpfe ärgerten ihn deshalb. „Hast du zu viel Tomatensaft getrunken, dass du so rot bist?" „Geh lieber in eine andere Knopfschachtel, du gehörst nicht zu uns!"
Der rote Knopf wehrte sich. Er sagte …
Aber die anderen hörten nicht auf, ihn zu verspotten. Eines Tages …

Schreibanregung 4: Knopfbilderbuch in Leporelloform
Ausgangspunkt der kleinen Bilderbücher ist ein einfaches Sprachspiel: Die Kinder blicken sich in dem Raum um, in dem sie sich gerade befinden und schreiben fünf oder sieben Gegenstände auf, die sie gesehen haben. Einer der Gegenstände wird nun mit dem Grundwort *Knopf* zusammengesetzt. So entstehen fantastische Knopfwörter, die dann noch gemalt oder gezeichnet werden können. Die kleinen Leporellos können allein oder auch als Gruppenarbeit gestaltet werden

Beispiele

Die Hosenknopfnixe
Es war einmal eine sehr schöne Hosenknopfnixe. Sie war wirklich die Schönste. Sie wohnte ganz unten auf dem Meeresboden, und was sie besonders mochte, waren natürlich Knöpfe, sonst würde sie ja nicht so heißen. Auch ihr Haus war aus schönen Goldmuscheln. Eines Tages klopfte es: „Klopf, klopf!" Da war der Wasserzwerg, und kaum hatte sie die Tür aufgemacht: „Rums, bums!", plötzlich war ein Loch im Haus. Der Zwerg erschrak sich und dann bauten sie es zusammen wieder auf. Und als sie es zusammen wieder aufgebaut hatten, da wohnten sie glücklich und lebten fröhlich.
Annika, 8 Jahre

Der singende Knopf
Es war einmal eine Knopffabrik, die schon seit Jahren Knöpfe herstellte. Eines Tages wurde ein besonderer Knopf hergestellt. Dieser besondere Knopf reiste durch die Welt mit einem Mann. Der Knopf saß nämlich an der Jacke eines Entdeckers!
Der Knopf war so besonders, weil er der einzige Knopf an der Jacke war, der anders aussah. Aber er konnte noch was, er konnte singen.
An einem schönen Morgen ging der Mann spazieren. Plötzlich fiel der Knopf ab. Aber der Mann merkte es nicht, nur die anderen Knöpfe merkten es. So planten sie, den Knopf zu suchen. Der Knopf war unter einem Stein festgeklemmt. Er kam nicht frei. Aber er sang.
So kam es, dass die anderen Knöpfe ihn singen hörten in der Nacht, wo sie ihn suchten. Sie halfen ihm, und der Knopf kam frei. Und so konnte der Knopf wieder an die Jacke zurück.
Jan, 9 Jahre

Die Verwandlung der Dinge

11. Steine – Versteinerungen

Thema und Intention

Steine gehören zu den Naturmaterialien, die immer wieder gern in die Hand genommen werden, deren Oberfläche betastet, deren Farbe und Form betrachtet und verglichen werden und die Erinnerungen aufbewahren an den Ort, wo der Stein gefunden wurde, und die Zeit, als man ihn entdeckte und mitnahm. Steine regen zur Meditation an, sie werden zu Heilzwecken genutzt, und mit Steinen wird gespielt.

Steine sind älter als ein Menschenleben, Steine haben ihre eigenen Geschichten und sind Teil des Universums Natur, in dem sich der Mensch bewegt. In vielen Geschichten und Märchen kommen Steine vor, mal ist es ein verwunschener Stein oder ein Zauberstein, der Wünsche erfüllen kann, oder der kostbare Stein im Ring der Königin, der verlorengegangen ist. Steine liegen auf dem Weg, befestigen ein Ufer, mit Steinen werden Bauwerke errichtet, und Steine begegnen uns im Gebirge. Es wird kaum einen Menschen geben, der keine Begegnung mit Steinen hatte und der nicht auf die eine oder andere Weise von Steinen erzählen könnte.

Einstieg

In den nachfolgenden Schreibszenarien wird mit dem Wort *Stein* gespielt. In den unterschiedlichen Sprachspielen wird mit der Bedeutung des Wortes *Stein* experimentiert und fantasiert und schließlich wird ein besonderer Stein – nämlich ein versteinertes Buch – zum Anlass, Märchen vom versteinerten Buch zu schreiben.

Die nachfolgenden acht Sprachspiele können einzeln oder auch in einer Abfolge genutzt werden. Immer ist der Ausgangspunkt das sinnliche Ertasten von und Hantieren mit einem oder mehreren Steinen, die die Kinder mitgebracht haben oder die von der Lehrerin zur Verfügung gestellt werden.

1. Sprachspiel

Einen Stein aus einem Beutel voller Steine ertasten, in die Hand nehmen, dem Stein einen Namen geben. (Das ist der Stein Theodor.)

2. Sprachspiel

Einen Satz bilden, in dem die Wörter *Ich* und *Stein* vorkommen.

Gestern stolperte ich über einen Stein.
Ich bin kein Stein.
Ich entdeckte einen Zauberstein.
Manchmal möchte ich ein Feuerstein sein.
Ich sehe einen Stein, der glitzert und kalt ist.
Ich habe einen schönen Stein an meiner Kette.
Einem Stein kann ich alles erzählen.
Einmal bin ich ein Stein gewesen.

3. Sprachspiel

Nachsehen, was der Stein gewesen sein könnte, wenn er eigentlich kein Stein, sondern verzaubert ist.

Mein Stein war ein großer See.
Mein Stein war ein Hexenschloss.
Mein Stein war ein Fluss.
Mein Stein war ein kleiner Feuergott.
Mein Stein war eine dunkle Höhle.
Mein Stein war ein Marmorbad.
Mein Stein ist ein Stück abgebrochener Zahn von einem Riesen.

4. Sprachspiel

Die Buchstaben des Wortes *Stein* untereinander schreiben und jeden Buchstaben mit einem persönlich wichtigen Wort verbinden, daraus dann einen einzigen, zusammenhängenden Satz bilden. Dieses Schreibspiel nutzt eine sehr alte Form literarischer Geselligkeit aus dem 19. Jahrhundert, das Akrostichon.

S Schnee
T Tauben
E erinnern
I ich
N Nacht
Ich erinnere mich an die Tauben, die nachts still im Schnee saßen.

5. Sprachspiel
Einen logischen Satz aus den Buchstaben des Wortes *Stein* bilden.

Saure Trauben esse ich nicht.

6. Sprachspiel
So viele *Stein*-Wörter wie möglich sammeln.

Steinwall – Schutzstein – Bernstein – Einstein – Edelstein – Sandstein – Mauerstein – Baustein – Kalkstein – versteinern – Stein und Bein schwören – einen Stein im Brett haben – den ersten Stein werfen – Steine im Weg – Schmuckstein – Grabstein – Stein der Weisen – Steinschlag – Stolperstein – Stein des Anstoßes – Zahnstein – Gallenstein – Wallenstein – Schlussstein – Taufstein – Steinzeit – Steinbruch – Wackerstein – Steinbock – Steinhäger – Steintor – Urgestein – steinreich – steinalt – Gestein – Königstein – Lilienstein – Steingarten – Steingewächs – Steinigung – Steinwüste – Dominostein – Spielstein – Steinbeißer – Steinmetz – Steinlaus – Feuerstein – Quaderstein – Feldstein – ein Tropfen auf dem heißen Stein – zum Steinerweichen – den Stein ins Rollen bringen – steinhart

7. Sprachspiel
Einen Titel für ein Steinmärchen finden.

Das Steinherz
Der verwunschene Stein
Märchen vom blauen Stein und dem gelben Kamm

8. Sprachspiel
Einen einzigen Satz – den ersten Satz einer Geschichte – schreiben, der aber so verheißungsvoll klingt, dass man gleich Lust bekommt, die Geschichte weiterzulesen …

Es war einmal ein wunderschöner, blaugesprenkelter Stein, der in seiner Jugend ein großer See gewesen war.

II. Schreibszenarien. 21 Beispiele

Eines Tages, als die Sonne das 205. Mal in diesem Jahr unterging, hatte sie einen schwarzen Fleck; er sah aus wie ein kleiner Stein, der sich auf dem Weg zum Ende der Welt verirrt hatte.
In einer Nacht, in der er keinen Schlaf fand, beschloss er, den blauen Stein endgültig fortzugeben.

Organisatorische Hinweise

Zielgruppe: Klassen 2–4
Material: eine Sammlung unterschiedlicher Steine (aus Mineraliensammlungen), eventuell auch Fotos und Abbildungen von Steinen, Schreibmaterialien
Zeit: 90–120 Minuten
Bemerkungen: Das Thema bietet sich für fächerübergreifende Projekte mit Sachunterricht und Gestalten/Kunsterziehung an. Eine Sammlung kleinerer Mineralien kann im Klassenzimmer angelegt werden.

Schreibanregung 1: Bausteine einer Geschichte nutzen

In vier Kästchen befinden sich jeweils mehrere Wörterkärtchen. Die vier Kästchen sind die vier Grundbausteine, aus denen eine Geschichte zusammengebaut werden kann – also die Bausteine der zu schreibenden Geschichten!

Reizvoll ist hier das Prinzip des Zufalls, das dem Geschichtenerzählen einen konsequent spielerischen Charakter verleiht. Die Mitspieler des Geschichtenerfinderspiels ziehen aus jedem Kästchen jeweils ein Wort und beginnen damit ihre Geschichte.

1. Kiste: Tierwörter (*Pinguin, Esel, Huhn, Pferd* etc.)
2. Kiste: Ort der Geschichte (*Schrank, Wald, Höhle, Schloss* etc.)
3. Kiste: Was tat er? (Verben wie *verlieben, schlafen, essen*)
4. Kiste: Wer war noch dabei? (Eine Figur oder ein Gegenstand, zum Beispiel *Zwerg, Staubsauger*)

Schreibanregung 2: Das versteinerte Buch

Bücher sind in der Regel aus Papier, haben Seiten, die man umblättern kann und auf denen Texte und Bilder stehen. Ein Buch kann man in die Hand nehmen, man kann es betasten, daran riechen (frisch gedruckte Bücher verströmen einen eigenartigen Geruch) und man kann sie – was kleine Kinder gern machen – als Baumaterial nutzen, indem sie übereinander und nebeneinander gelegt werden.

Für eine Schreibwerkstatt wurde ein Buch genutzt, das die eben beschriebenen Eigenschaften eines Buches überhaupt nicht aufwies. Es war ein aus einem besonderen Naturstein nachgebildetes Buch, also ein versteinertes Buch. Dieser Umstand erschien reizvoll, um die Fantasie der Kinder anzuregen. Was war mit dem Buch geschehen, dass es zu Stein wurde? Hatte es jemand verzaubert?

Das versteinerte Buch wurde in die Mitte des Stuhlkreises gestellt, in dem die Kinder saßen. Sie blickten verwundert auf das ungewöhnliche Buch. Ihr Staunen war der wichtigste Motor für die Geschichten rund um ein Buch, die dann entstanden.

Es ist aber vorstellbar, dass man auch ohne so ein Kunstobjekt die Schreibwerkstatt eröffnet. Eine Rahmenerzählung, in der ein versteinertes Buch vorkommt, und ein Gespräch zu Beginn (Woraus sind eigentlich Bücher gemacht? Aus Papier? Oder aus Stoff? Gibt es auch Bücher aus Silber und Gold? Und was wäre, wenn eines Tages ein Buch ganz und gar aus Stein wäre?) könnten ebenso als Einstieg fungieren.

Beispiele

Das Buch vom Anfang der Welt
Es lebte einmal ein Mann namens Buchmann. Er las jeden Tag ein Buch. Doch einmal wollte er ein sehr besonderes Buch. Er fasste ins oberste Fach vom Regal, er merkte, dass dort ein Buch mit einem steinernen Umschlag stand. Herr Buchmann nahm das Buch aus dem Regal. Er schlug es auf und sah, dass in ihm Geschichten vom Anfang der Welt drinstanden. Herrn Buchmann fiel auf, dass unter den Geschichten kein Autor stand. Das fand er komisch. Er drehte das Buch um. Auf der anderen Seite stand: „Jeder, der das Buch findet, soll etwas hineinschreiben, was er denkt, wie der Anfang der Welt war." Das gefiel Herrn Buchmann und er schrieb etwas in das Buch. Als er fertig war, stellte er es wieder ins Regal und dachte sich: „Der nächste, der das Buch findet, schreibt bestimmt auch etwas hinein."
Lilly, 10 Jahre

II. Schreibszenarien. 21 Beispiele

12. Das Lexikon der Federtiere

Thema und Intention

Wo Vögel sind, da finden sich auch Federn. Sowohl in der Stadt als auch auf dem Land – nahezu überall können sie entdeckt werden. Gefundene Federn sind geheimnisvolle Objekte. Ganz weich und leicht fühlen sie sich an. Bei manchen Federn liegen die einzelnen Federäste ganz einheitlich nebeneinander, sodass eine geschlossene Fläche entsteht. Bei anderen Federn sind sie wild durcheinandergekommen. Die geschlossene Struktur scheint zerstört. Ganz vorsichtig kann man sie zwischen zwei Fingern ordnen, indem man vom Schaft der Feder nach außen streicht. Zwischen den Fingern stellt sich die Ordnung wieder her. Ein schönes Gefühl, weil erst jetzt die Farbe und das Muster der Feder wieder zur Geltung kommen können. Auch in den Kindern lösen solche Erlebnisse große Befriedigung aus – die Wiederherstellung von Ordnung bietet Sicherheit. Andere Federn sind buschig und flaumig. Ihre Berührung ist auf der Haut kaum zu spüren.

Doch zu welchem Vogel mag die gefundene Feder wohl gehören? Ist es eine schwarze Feder, kann eine Krähe oder ein Rabe ihr Besitzer gewesen sein. Vielleicht

Die Verwandlung der Dinge

war es aber auch eine Amsel. Große Raubvogelfedern unterscheiden sich ganz eindeutig von Taubenfedern. Unverwechselbar sind die weißen Federn der Enten und Gänse. Ein wenig bläulich schimmern die Federn der Elstern.

Die Vielfalt der Federn wird noch einmal erweitert, wenn man im Zoo auf Federsuche geht. Die herrlichen grellen Federn des Papageis wirken wie Farbtupfer. Unverkennbar und sicherlich die berühmteste Federart ist die des Pfaus. Die richtige Zuordnung der anderen Federn ist zwar schwierig, doch hier können Naturkundebücher weiterhelfen.

Federn faszinieren Kinder. Gerade ihre Beschaffenheit und Anschmiegsamkeit macht sie auch zu einem sinnlichen Erlebnis. Ihre Ordnung und Präzision lässt die Kinder von sich aus ganz vorsichtig mit ihnen umgehen. Auch die Zuordnung der Federn zu den Vogelarten macht den Kindern Spaß. Es ist erstaunlich, wie viele Federn ihren Besitzern zugeordnet werden können, wenn alle Kinder gemeinsam überlegen. Auch im Bastelladen gibt es Federn zu kaufen. In kräftigen Farben schillern sie. Zu welchen Vögeln sie wohl gehören mögen?

Einstieg

In der Mitte des Sitzkreises liegen viele Federn. Einerseits liegen dort echte Federn, die zu richtigen Vögeln gehören. Dazwischen finden sich Bastelfedern – gut erkennbar durch die flaumige Erscheinung und die kräftigen Farben. Am Anfang wird geklärt, dass die Kinder heute Naturforscher sein werden. Gemeinsam wird überlegt, was ein Naturforscher alles benötigt, um auf Forschungsreise zu gehen: eine Lupe, eine Bestimmungsbuch, eine Pinzette, Betäubungsmittel und so weiter. Außerdem muss der Forscher natürlich genau wissen, welche Tiere schon entdeckt worden sind, damit er sie nicht aus Versehen noch einmal entdeckt. Denn das wäre ja äußerst peinlich.

Deshalb wenden sich die Kinder nun den Federn im Kreis zu. Welche Federn kennen die Kinder? Welche Federn gehören bereits zu einem Tier? Die Kinder bestimmen möglichst viele Federn. Die restlichen können in einem Bestimmungsbuch nachgeschlagen oder von der Lehrerin erklärt werden.

Nun wird natürlich deutlich, dass es auch Federn gibt, die scheinbar noch kein Tier haben, zu dem sie gehören. Das Geheimnis dieser Federn sollen die Kinder nun klären. Dazu gehen sie auf eine Fantasiereise. Mit geschlossenen Augen stellen sie sich vor, mit ihrer Forschergruppe durch den undurchdringlichen Dschungel zu pirschen. Plötzlich sehen sie zwischen den Sträuchern etwas Farbiges leuchten. Ganz leise schleichen sie sich an das seltsame Etwas an, und tatsächlich können sie einige Momente einen ungestörten Blick darauf werfen. Es ist ein Tier, wie sie es noch nie gesehen haben. Kein Vogel, doch trotzdem völlig mit Federn bedeckt. Doch ehe sie es sich näher betrachten können, hat es sie entdeckt und sucht das Weite. Nun müssen sie das Tier schnell zeichnen, bevor sie vergessen haben, wie es ausgesehen hat.

Die Kinder dürfen sich nun eine Bastelfeder aussuchen, die sie auf ein DIN-A4-Papier kleben. Sie malen ihr entdecktes Fantasietier auf, wobei die aufgeklebte Feder zu dem Tier gehören soll.

II. Schreibszenarien. 21 Beispiele

Organisatorische Hinweise

Zielgruppe: Klasse 1 – 4
Material: Schreibmaterialien, Klebestift, Buntstifte oder Wachsmalstifte, Bastelfedern, echte Federn, Verkleidung für die Pressekonferenz
Zeit: 90 – 135 Minuten
Bemerkungen: Eine große Auswahl interessanter Federn findet sich in jedem Zoo. Gern ist das dortige Personal bereit, für eine Federtierentdeckertour einige schöne Federn bereitzustellen. Bastelfedern kann man in jedem Bastelgeschäft, oft auch in Schreibwarengeschäften kaufen.

Schreibanregung 1

Bereits unmittelbar nach der Einschulung können die Kinder eigene Federtiere entdecken. Nach dem Gestalten der Federtiere geben die Kinder ihrem Federtier einen Namen. Wer kann, schreibt den Namen – eventuell mithilfe einer Anlauttabelle – selbst auf das Bild. Andernfalls kann der Name von der Lehrerin oder – wenn jahrgangsgemischt unterrichtet wird – von den Helferkindern auf einen Extrazettel geschrieben werden. Die Kinder übertragen das Wort in Druckbuchstaben auf ihr Bild. Den eigenen Namen sollten alle Kinder selbst auf ihr Bild schreiben können.

Am Schluss findet eine Pressekonferenz der Fantasietierforscher statt. Die Kinder stellen nacheinander ihre Entdeckungen vor. Sie selbst treten dabei natürlich als Forscher auf. Dazu wird allen zum Vornamen noch der Titel „Prof. Dr." verliehen. Auch ein weißer Kittel oder eine große Brille kann das Spiel ergänzen. Nach der Präsentation – die Kinder nennen den Namen ihres Tieres und erklären, was das Besondere an ihm ist, zum Beispiel, was es frisst, wie es lebt, wo es vorkommt, was es besonders mag und so weiter – kann das interessierte Auditorium Fragen stellen.

Schreibanregung 2

Auch in den Jahrgängen 2 bis 4 macht den Kindern das Federtierentdecken viel Spaß. Nun können sie nach dem Gestalten des Federtieres einen Steckbrief anlegen, in dem es näher beschrieben wird. Weiterhin können die Kinder eine Geschichte erfinden, in der sie schildern, was dem Federtier einmal widerfahren ist.

Beispiele

Folgende Beispiele sind im August in einer 1. Klasse entstanden. Die mündlichen Beschreibungen der Kinder wurden nach einer Aufnahme sinngemäß, aber sprachlich geglättet aufgeschrieben.

Die Verwandlung der Dinge

Name des Tieres: Anin
Entdeckerin: Prof. Dr. Marie Sophie
Beschreibung: Anin ist ein Vogel. Sie kann besonders weit fliegen und immerhin auch 100 Meter weit rennen. Sie ernährt sich von Würmern. Bemerkenswert ist, dass Anin täglich 1 Liter Wasser trinken muss.

Name des Tieres: Die Biene
Entdecker: Prof. Dr. Marius
Beschreibung: Diese spezielle Art der Biene zeichnet sich durch viele verschiedene Fähigkeiten aus. Wie ihre Artverwandten kann sie fliegen und Honig sammeln, außerdem aber auch in Salzwasser schwimmen, einfach nur dasitzen oder aber auf der Erde herumlaufen. Sie ernährt sich von Kirschen.

Name des Tieres: Ypsedon
Entdecker: Prof. Dr. Lucas
Beschreibung: Ypsedon ist ein Fleischfresser. Er kann Feuer speien und so einen Feuersturm verursachen. Mit seinem Giftschwanz kann er andere Tiere töten. Diese dienen ihm als Nahrung. Normalerweise wohnt er in Höhlen. Tagsüber läuft er herum, auf der Suche nach Nahrung und einer neuen Höhle. Er kann schwimmen, aber nicht fliegen. Er hat 10 001 670 000 001 819 Lebenspunkte. So viele Tage kann er leben.

Literarische Anregungen

Das Lesen und das Schreiben sind im traditionellen Deutschunterricht immer streng getrennte Lernbereiche gewesen. Auch wenn gewisse Überschneidungen und Verknüpfungen natürlich unvermeidlich waren, wurden die Förderung des einen wie des anderen als zwei getrennte Herausforderungen verstanden.

Heute weiß man, dass besonders literarische Erfahrungen von Kindern eine wichtige Grundlage für das eigene Schreiben darstellen. Kinder, die über ein großes Repertoire an gehörten und gelesenen Geschichten verfügen, haben auch eine große Auswahl an Textmustern parat, die sie für ihr eigenes Schreiben verwenden können. Denn ein Text, der entsteht, ist niemals ein völlig neues Gebilde, sagt Mechthild Dehn:

> „Wer schreibt, fasst Vorgegebenes, Erfahrenes für sich und gibt es anderen wiederum zu lesen. Der Text, der dabei entsteht, ist immer ein Text zwischen Texten. Er adaptiert andere Texte und korrespondiert mit ihnen, mit Formen und Mustern, in denen Inhalte, Themen, Bedeutungsstrukturen gestaltet, Erfahrung und Erkenntnis formuliert und generiert werden." [16]

Eine Geschichte setzt sich also immer aus Teilen schon bestehender Texte zusammen. Daher ist es besonders wichtig, dass Kinder von klein auf zahlreiche Geschichten und Gedichte kennenlernen. Damit bildet sich ein Sprachschatz der Kinder, der eine große Hilfe für die Herausforderungen des Schriftspracherwerbs darstellt. Sie entwickeln ein Gefühl für die Machart von Texten, das als Modell für die eigenen Geschichten und Gedichte dienen kann. Kinder brauchen also Geschichten, damit sie später beim Erfinden eigener Geschichten aus dem Vollen schöpfen können.

Dieses Zurückgreifen auf Bestehendes geschieht zumeist, ohne dass die Kinder sich dessen bewusst sind. Sie verfügen durch ihre Erfahrungen über ein implizites Textwissen und eine Geschichtengrammatik. Einfache, ganz regelhafte Anleitungen für bestimmte Textsorten können aber auch konkret als kreative Anregungen, sozusagen als Spielregeln des Schreibspiels genutzt werden. Für Gedichte sind solche „Baumuster" des Schreibens bereits weit verbreitet. Das Elfchen und das japanische Haiku sind populäre Beispiele dafür. Aber auch für Geschichten gibt es Baumuster, die Kindern Anregung und Hilfestellung bieten, ohne ihre Fantasie einzuschränken. Die folgenden Vorschläge stellen solche Baumuster vor. Sie alle sind literarischen Texten entnommen und bieten konkrete Muster und Schemen, die von Kindern produktiv imitiert werden können.

Literarische Anregungen

13. Mutmachgeschichten

Thema und Intention

Jedes Kind – und natürlich auch jeder Erwachsene – hat manchmal Angst. Die Angst gehört zum Menschen, wie die Freude und der Schmerz. Sie ist ein Grundgefühl, das die Beziehung zur Welt bestimmen und Einflüsse und Ereignisse unseres unmittelbaren und indirekten Umfeldes einordnen hilft. Besonders das Verborgene und das Diffuse, das schwer Fassbare ängstigt Kinder. Die Dunkelheit ist ein typischer Angstbereich, weil hier die Fantasie die Freiräume findet, den Schreckgestalten aus den Bereichen des Fiktiven und der Traumwelten Wege in die Wirklichkeit zu eröffnen. Diese Wesen können so in die sonst sicheren Räume des häuslichen Umfeldes eindringen und in den Ritzen und unter den Betten ein uneingeschränktes Eigenleben beginnen, das sich noch dazu der Wahrnehmung der Erwachsenen, die versuchen, das Kind zu beschwichtigen und zu beruhigen, entzieht. Angst ist also ein sensibler Bereich, weil Kinder häufig die Erfahrung machen müssen, dass dieser Schutzmechanismus auf Probleme aufmerksam macht, die sie nicht mit anderen teilen können. Gerade die Erwachsenen, die eigentlich für den Schutz vor Gefahren zuständig wären, entpuppen sich hier allzu oft als Hilfe Verweigernde, weil sich der Gegenstand der Angst ihrem Bewusstsein entzieht.

Heinz Janisch und Barbara Jung widmen sich in ihrem Bilderbuch *Wenn Anna Angst hat* eben dieser Problematik. Anna liegt im Bett und hat Angst. Aber sie ist nicht allein mit ihrer Angst. Sie hat nämlich Freunde, die sie rufen kann und die ihr helfen, die Angst zu besiegen. So ruft sie die den riesigen Riesen, der niemals schläft. Sie ruft den grünen Drehdrachen, der alle schwindlig dreht. Sie ruft den Gespenstermaler, der die weißen Gespenster bunt anmalt. Sie ruft die Glückskatze, die alle zufrieden schnurrt – und so weiter. Ein ganzes Heer an fantastischen Helfern steht Anna zur Seite, die am Schluss feststellt: „Anna hat gar keine Angst!" Denn wenn man so viele Freunde hat, kann einem auch nichts passieren. So kann sie endlich einschlafen.

Das Buch nähert sich diesem sensiblen Thema, indem es gänzlich positive Gedanken in den Mittelpunkt stellt. Anna hilft sich selbst, indem sie Fantasiewesen erstehen lässt, die ihr die Angst vertreiben können. Das sind ganz liebenswerte Helfer, die den Angstmachern weniger aggressiv als humorvoll zu Leibe rücken und ihnen dadurch ihren Schrecken nehmen. Sprachlich steckt ein ganz einfaches Baumuster hinter den einzelnen Episoden. Auf jeder Doppelseite wird ein Helfer aufgerufen. Dabei wird zuerst gesagt, wen Anna ruft. In einem Relativsatz wird dann erklärt, was der Helfer besonders gut kann oder wie er die Angstmacher besiegen wird.

Einstieg

Dieses Bilderbuch eignet sich bereits für einen Einsatz in den ersten Wochen und Monaten von Klasse 1. Zuerst können sich die Kinder darüber austauschen, wovor sie manchmal Angst haben. Wer hat schon einmal ein eindrückliches Angst-Erlebnis gehabt? Kennen sie besondere Tricks, die Angst zu besiegen? Hier werden die Kinder viel zu berichten wissen. Ein ausgiebiger Austausch sensibilisiert für das Thema.

Nun wird das Buch vorgelesen und die Bilder werden gezeigt. Nach der ersten Lektüre können die Kinder das Buch noch einmal Seite für Seite betrachten. „Anna hat auch einen Trick, wie sie ihre Angst besiegt. Sie ruft sich Helfer, die sie unterstützen." Wen würden die Kinder rufen, wenn sie sich einen Helfer ausdenken könnten?

Die Kinder können nun erst einmal mündlich zusammentragen, wen sie zu Hilfe rufen würden. Den Helfer malen sie auf ein Blatt Papier.

Organisatorische Hinweise

Zielgruppe: Klassen 1 und 2
Quelle: Heinz Janisch, Barbara Jung: *Wenn Anna Angst hat.* Wien: Jungbrunnen Verlag, 2002
Material: Schreibmaterialien, Buntstifte
Zeit: 90 Minuten
Bemerkungen: Schriftsteller freuen sich erfahrungsgemäß, wenn sie Kinderarbeiten zu ihren Büchern zu sehen bekommen. Eine Adresse von Heinz Janisch findet sich zum Beispiel im Internet. Ein kurzer Brief mit den Bildern der Kinder (oder Kopien) kann einen interessanten Kontakt zu den Machern eines Buches herstellen, was für die Kinder eine wertvolle Erfahrung darstellt.

Literarische Anregungen

Schreibanregung
Zur Unterstützung der Erstklässler kann auf dem Blatt bereits ein Lückensatz stehen.

Wenn _____ Angst hat, ruft er/sie _____ .

Die Kinder tragen zuerst nur ihren Namen und den Namen des Helfers ein. Den eigenen Namen können die meisten Schulanfänger bereits schreiben. Der Helfername kann ihnen vorgeschrieben werden, sodass sie ihn – Buchstabe für Buchstabe – selbst auf ihr Bild übertragen können. Mit zunehmender Schreibfähigkeit können die Kinder den Satz auch selbst aufschreiben.

Im Sitzkreis präsentieren die Kinder schließlich ihren Helfer. Sie lesen den Satz auf ihrem Bild vor und erzählen, was es mit dem Helfer auf sich hat und wie er ihnen helfen kann. Dieser mündliche Beitrag kann später noch durch die Lehrerin auf das Bild oder auf ein separates Blatt aufgeschrieben werden.

Dieses Vorgehen muss natürlich auf die entsprechende Lerngruppe und die individuellen Fähigkeiten der Kinder abgestimmt werden. Viele Kinder werden ihre Beschreibung auch selbst aufschreiben können.

II. Schreibszenarien. 21 Beispiele

14. Eins, zwei, drei – Tierverse

Thema und Intention

In Nadia Buddes Pappbilderbuch *Eins zwei drei Tier* dreht sich alles um das Spiel mit der Sprache, konkret: das Reimen. Dem Titel folgen die nächsten Wortfolgen: „Benno – Eddi – Rolf – Wolf", „Groß – mittel – klein – Schwein" und so weiter, die jeweils auf einer Seite an das begonnene sprachliche Baumuster anknüpfen und es variieren. Die verrückten Wortkombinationen ergeben sich aus dem Reimschema, das nach drei verwandten Wörtern am Ende immer ein Tier in Szene setzt. Unter den Wörtern finden sich passend dazu vier Zeichnungen, die den Text aufgreifen und geschickt ins Bild umsetzen, ohne ihn einfach nur abzubilden. Es beginnt ein fröhlicher Exkurs

durch die Welt der Tiere, der, auf jeder Seite neu verarbeitet, schließlich beim Leser und Betrachter selbst ankommt. Auch er findet sich bei den Worten „Beim Maulwurf – auf der Eidechse – im Känguru – Du" in dem bunten, und allzu oft skurrilen Treiben aus Worten und Bildern wieder.

Gänzlich ungewöhnlich wird von Nadia Budde das Zusammenspiel von Bild und Text inszeniert. Jede einzelne dieser beiden Ebenen passt kaum in das gewohnte Bild aktueller Bilderbucherscheinungen hinein. Der Text ist extrem verkürzt und verdichtet. Die einzelnen Wörter wirken wie Blitzlichter und rhythmisieren die Reime. Dem stellt Nadia Budde in ihrer Einfachheit skurrile Zeichnungen gegenüber. Von jeglichem Hintergrund und Umfeld losgelöst, werden die Figuren präsentiert, scharf umrissen von einer schwarzen Linie, die den Stil der Künstlerin kennzeichnet. Statt der üblichen kindertümlichen Verniedlichung haben Nadia Buddes Tiere etwas Unförmiges, sogar Grobes an sich. Damit bricht sie mit gängigen Vorstellungen von Kindgemäßheit, die besonders die naive und eindeutige Darstellung favorisieren.

Ganz klar verzichtet das Buch auf eine schwerwiegende Moral. Im Zentrum steht das genussvolle Spiel mit der Sprache. Der strukturierte Minimalismus in Bild und Text erleichtert bereits jungen Lesern einen kreativen Zugang zu dem Buch, der weit über das reine Erlesen und Erschauen hinausgehen kann. Gerade deshalb scheint das Buch ideal geeignet zu sein Kinder anzuregen, dem Baumuster folgend eigene Reimsequenzen zu erfinden.

Einstieg

Zuerst sollten sich die Kinder aber eingehend mit dem Buch beschäftigen. Im Sitzkreis wird es den Kindern vorgelesen. Nachdem sie das Baumuster erkannt haben, kann beim Vorlesen auch immer das Tier weggelassen werden. Die Kinder sollten keine Schwierigkeiten haben, das fehlende Reimwort zu erraten.

Organisatorische Hinweise

Zielgruppe: Klassen 2–4
Quelle: Nadia Budde: *Eins zwei drei Tier.* Wuppertal: Peter Hammer Verlag, ^{4}2000
Material: Schreibmaterialien, Pappkarten, Papierbögen DIN A4, Schere, Buntstifte
Zeit: 90 Minuten
Bemerkungen: Das Buch ist unter dem Titel *One two three me* auch auf Englisch erschienen!
Faltanleitung für ein Leporello:
1. Ein DIN-A4-Blatt längs halbieren und auseinanderschneiden.
2. Den Streifen einmal in der Mitte falten und wieder aufklappen.
3. Den Streifen nun von beiden äußeren Seiten bis zur Mitte falten.
4. Das Buch als Ziehharmonika legen.

II. Schreibszenarien. 21 Beispiele

Schreibanregung

Nun können die Kinder eigene Reimsequenzen erfinden. Dazu werden zuerst unterschiedliche Namen von Tieren gesammelt, die nicht im Buch vorkommen. Es sollten mindestens so viele Tiere zusammengetragen werden, wie Kinder in der Klasse sind, besser einige mehr. Die Tiernamen werden auf kleine Pappkärtchen geschrieben und in den Sitzkreis gelegt. Jedes Kind sucht sich ein Tier aus. Zum Beispiel: *Igel*. Nun suchen die Kinder ein Wort, das sich auf den Namen ihres Tieres reimt. Zum Beispiel: *Riegel*. Wenn kein Reimwort gefunden werden kann, sollten sich die Kinder für ein anderes Tier entscheiden können. Passend zum Reimwort finden die Kinder nun zwei weitere verwandte Begriffe. Zum Beispiel: *Gummibärchen, Bonbon*. Die Begriffe werden in der richtigen Reihenfolge aneinandergereiht. Unter Umständen müssen noch Präpositionen hinzugefügt werden. Zum Beispiel: *Mit Bonbon – mit Gummibärchen – mit Riegel – Igel.*

Wie auch im Buch, wird der Reim in einer Bildsequenz umgesetzt. Im einfachsten Fall malen die Kinder die vier Begriffe nacheinander und beschriften sie. Sehr gut ist aber auch das Baumuster machbar, das Nadia Budde selbst vorschlägt. Dazu übernehmen die Kinder, nachdem sie ihren Reim fertiggestellt haben, das Tier eines anderen Kindes. Das kann geschehen, indem sich alle Kinder mit ihrem Tier wieder in den Sitzkreis setzen. Sie lassen sich das Tier ihres rechten Nachbarn sagen. Genau wie im Buch ist das nun das Tier, das die ersten drei Begriffe vorstellt und dann vom eigenen Reimtier der Kinder abgelöst wird.

Die Reimsequenzen werden auf ein Leporello gezeichnet. Am Ende können die Kinder ihre Ergebnisse reihum vorlesen und die Bilder zeigen. Dabei sollten die Kinder wieder in der gleichen Rei-

henfolge wie am Anfang sitzen, damit die Tiere in den Reimen logisch aufeinanderfolgen.

Tipp: Besonders wirkungsvoll ist hier ein Episkop, auf dem die Kinder ihre Leporellos für alle sichtbar während des Vorlesens zeigen können.

15. Große Fragen. Bilderbücher, die zum Nachdenken anregen

Thema und Intention

Das Interesse von Kindern an der Welt und ihren Phänomenen wird vor allem vom Rätselhaften entfacht. Besonders dort, wo nicht sofort eine eindeutige Einordnung des Wahrgenommenen in den persönlichen Wissenshorizont möglich ist, wo fehlende schnelle Erklärungen ein vertieftes Nachdenken nötig werden lassen, kann Weltaneignung als konstruktiver und selbstgesteuerter Prozess stattfinden.

Fragen können zu Ausgangspunkten für nachhaltige Lernprozesse werden, wenn sie nicht nur auf einfache Antworten abzielen, sondern anregen, nach dem Wie und Warum hinter den sinnlichen Eindrücken zu suchen. Die Suchbewegungen der Kinder brauchen dabei Spielräume, in denen auch der eigene Blick auf die Welt zur Grundlage für das Spiel mit ihren Elementen werden kann. Im Rahmen solcher Tätigkeiten betreten die Kinder das „Haus der Realität zuweilen durch die Fenster", wie Gianni Rodari[17] es beschreibt, indem sie (für uns Erwachsene) ungewöhnlich erscheinende Zugänge und Deutungsmuster entwickeln. Fragen eröffnen in diesem Sinn „spannende Untersuchungen zur Bauweise der Welt, ihren innersten Zusammenhängen, dem Grund ihres Seins ..." (Eva Maria Kohl[18]).

Damit Fragen entstehen können, muss die Welt zuerst fragwürdig geworden sein. Wie solche Fragwürdigkeiten im Zusammenhang mit literarischen Lernprozessen inszeniert werden können, wird in diesem Kapitel betrachtet. Dabei werden Bilderbücher vorgestellt, die Fragen aufwerfen und zum Anlass eigener literarästhetischer Produktionen von Kindern werden können. Gemeinsam ist allen Fragen, dass sie einen poetischen Charakter aufweisen, indem sie nicht einfach eine direkte Antwort verlangen, sondern in bedeutungsreichen Spannungsfeldern das eigene Denken auf kreative Weise anregen. Oder, wie Schopenhauer es als ein zentrales Merkmal der Poesie herausstellte: indem sie „durch Worte die Einbildungskraft ins Spiel versetzen".[19]

Organisatorische Hinweise

Zielgruppe: Klassen 3 und 4
Quelle: Marty Brito: *Wohin gehen die geträumten Dinge? Aus dem „Buch der Fragen" von Pablo Neruda mit Antworten von Kindern aus Chile.* Bremen: Atlantik Verlag, ²1997
Material: Schreibmaterial, auf Karten geschriebene Fragen
Zeit: 30 Minuten
Bemerkungen: Ergänzend können die Kinder auch eigene Fragen erfinden, zu denen dann gemeinsam Antworten gesucht werden.

Bilderbuch 1: Marty Brito, *Wohin gehen die geträumten Dinge*

Der chilenische Dichter Pablo Neruda hinterließ ein ganzes *Buch der Fragen*, das in oben beschriebener Weise die Frage zur poetischen Formel und literarischen Kleinstform werden lässt. Das Staunen über die Eigenart der Welt, und die Suche nach ihren Zusammenhängen wird in diesen Fragen in Worte gefasst. Es sind seltsame Zeugnisse eines veränderten Blickwinkels auf die Welt, die das Besondere neben dem Alltäglichen aufzufinden suchen. Kindern kommen diese Fragen als Schreibanregungen entgegen, denn sie eröffnen ganz fantastische Perspektiven auf die Phänomene der

Abb. und Fragen S. 96 mit freundlicher Genehmigung von Mayrty Brito Paut (www.martybrito.cl)

Marty Brito, Pablo Neruda: *Wohin gehen die geträumten Dinge? Aus dem „Buch der Fragen" von Pablo Neruda mit Antworten von Kindern aus Chile.* Bremen: Atlantik Verlag, 1997. Cover und S. 18

Wirklichkeit. Besonders die Vermenschlichung der Dinge des Alltags lässt diese Dinge konkreter werden und öffnet den Kindern Türen zu den Problemen ihres Daseins.

Beispiele

Pablo Neruda: *Wer alles schrie vor Freude, als das Blau erfunden wurde?*
Isabelle, 7 Jahre: *Zum Beispiel die Jeanshosen.*

Pablo Neruda: *Warum wollen die Blätter sterben, wenn sie sich alt fühlen?*
Isabelle, 7 Jahre: *Weil sie im Frühjahr neu geboren werden.*

Beobachtungen

Isabelle setzt sich schreibend mit diesen Fragen auseinander. Sie lässt sich ein auf das von Neruda inszenierte Spiel mit dem Möglichen und Fiktiven, das jedoch immer auf das Wirkliche zurückgreift. Im Zusammenspiel der Fragen und Antworten entstehen fantastische Dialoge, die durch die Antworten nicht abgeschlossen werden, sondern lediglich neue Räume für die eigenen Vorstellungen eines weiteren Hörers oder Lesers eröffnen. „Im Staunen über die Welt treffen sich Dichter und Kinder" (Eva Maria Kohl[20]), und sie sind in diesem Sinne gleichberechtigte Subjekte in einer ästhetischen Begegnung mit der Wirklichkeit. Wahrscheinlich gerade deshalb hat Marty Brito, als sie die Fragen Nerudas und die Antworten chilenischer Kinder mit Linolschnitten illustrierte, Fragen und Antworten nicht nacheinander abgedruckt, sondern durch eine besondere Gestaltung die Antworten der Kinder auf transparentem Papier zwischen die Zeilen des Dichters legen lassen.

Organisatorische Hinweise

Zielgruppe: Klassen 1 – 4
Quelle: Wolf Erlbruch: *Die große Frage.* Wuppertal: Peter Hammer Verlag, 2004
Material: Schreibmaterialien, Beutel mit kleinen Gegenständen, Figuren und Miniaturen
Zeit: 30 Minuten

Bilderbuch 2: Wolf Erlbruch, *Die große Frage*

„Warum bin ich auf der Welt?", ist die große Frage, der Wolf Erlbruch ein ganzes Bilderbuch gewidmet hat. Diese elementarste Frage der persönlichen Existenz wird aus unterschiedlichen Blickwinkeln beantwortet. So sagt die Großmutter: „Natürlich bist du auf der Welt, damit ich dich verwöhnen kann." Die Drei sagt: „Du bist auf der Welt, damit du eines Tages bis drei zählen kannst." Und der Hund sagt: „Ich glaube, man ist zum Bellen auf der Welt – und zeitweise, um den Mond anzuheulen." Die verschiedenen Antworten schaffen hier die Freiräume für persönliche Deutungen, da schnell

Literarische Anregungen

Wolf Erlbruch: *Die große Frage*.
Wuppertal: Peter Hammer Verlag, 2004

deutlich wird, dass jeder anderes in seinem Leben für grundlegend und zentral erachtet. Kinder können leicht für sich selbst Antworten finden und aufschreiben. Reizvoll ist aber auch, sich mit dieser Frage in andere Dinge hineinzuversetzen. Aus einem Beutel können die Kinder kleine Gegenstände, Figuren und Miniaturen ziehen. Was für Antworten sie wohl geben würden?

Beispiele

Sagt der Krebs: „Ich bin da, um die kleinen Fische zu beschützen."
Sophia, 9 Jahre

Der Kamin sagt: „Ich bin da, um euch zu wärmen und meine Wut am Feuer auszulassen."
Maud, 11 Jahre

„Ich bin auf der Welt, um gelesen zu werden", sagt das Buch.
Hanna, 8 Jahre

Die Muschel sagt: „Ich bin auf der Welt, um von anderen aufgehoben und zu ihnen nach Hause getragen zu werden."
Laurin, 9 Jahre

Das Osterei sagt: „Ich bin auf der Welt, um gefunden zu werden."
Heinrich, 8 Jahre

Der Clown sagt: „Ich bin da, weil ich so bunt bin."
Sophie, 7 Jahre

II. Schreibszenarien. 21 Beispiele

> **Organisatorische Hinweise**
>
> *Zielgruppe:* Klassen 3 und 4
> *Quelle:* Heinz Janisch, Isabel Pin: *Eine Wolke in meinem Bett*. Berlin: Aufbau Verlag, 2007
> *Material:* Schreibmaterial, Beutel mit Wortkarten und Gegenständen
> *Zeit:* 90 Minuten

Bilderbuch 3: Heinz Janisch, Isabel Pin, *Eine Wolke in meinem Bett*

In dem von Heinz Janisch getexteten und Isabel Pin illustrierten Bilderbuch sind die Fragen in einen Dialog zwischen einem Jungen und einem Mädchen eingebettet, die auf dem Baum sitzend ihre Umwelt betrachten. Dabei folgt jede der elf Sequenzen, die sich immer auf einer Doppelseite entfalten, demselben Muster. Eine eigenartige Aussage über ein Ereignis des vergangenen Tages wird in den Raum gestellt. Darauf formuliert das Gegenüber eine Frage, die wiederum beantwortet wird.

Heute hab ich gehört, was die Fische in der Nacht machen.
„Was denn?"
Sie spielen Trompete!

Heute habe ich mit einem Gorilla auf einem Baum gesessen.
„Was habt ihr gemacht?"
Hausaufgaben.

Heute hat es aus der Milchstraße getropft.
„Wohin denn?"
In meinen offenen Mund.

Literarische Anregungen

Die dabei entstehenden, seltsam anmutenden Dialoge werden durch die in ihrem Minimalismus stimmungsvoll wirkenden Bilder Isabel Pins nachdrücklich ergänzt. Wird am Ende auch hier konkret dazu eingeladen, eigene Geschichten zu erfinden, so ergibt die dialogische Struktur der Texte ein besonderes Potenzial für den produktiven Umgang mit dem Bilderbuch.

Am Anfang wird das Buch vorgelesen und die Bilder werden betrachtet. Die Kinder lauschen den Dialogen und versuchen das ungewöhnliche literarische Erlebnis zu erfassen. Spontane Äußerungen nach dem Vorlesen beziehen sich auf die eigenartigen Aussagen der Kinder im Bilderbuch, die „nicht so richtig wirklich möglich" und „bestimmt ausgedacht" sind. Recht schnell können die Kinder allerdings das Baumuster der einzelnen Episoden erkennen und benennen. Die Aufforderung am Schluss des Buches, nun eigene Geschichten zu erzählen, können als Überleitung zur Eröffnung eines kreativen Schreibspielraumes aufgegriffen werden.

Nun werden zwei Beutel herumgereicht; einer mit Wortkärtchen (Substantive des Alltags) und einer mit kleinen Gegenständen (Miniaturen wie Spielzeugautos, Püppchen, kleine Puppenstubenaccessoires). Aus diesen Beuteln ziehen die Kinder jeweils eine Wortkarte und einen Gegenstand. Nach einem ersten Betrachten dieser zufällig ausgesuchten Dinge versuchen die Kinder, sie in einem Satz miteinander zu verknüpfen. Wie im Buch soll er mit dem Einleitungswort „Heute ..." beginnen und ein fantastisches Erlebnis erzählen. Die Kinder schreiben ihre fertigen Sätze und ihre Namen auf lose Blätter, die eingesammelt und wahllos wieder verteilt werden. Jedes Kind sieht sich einer fremden Aussage gegenüber, zu der es eine Frage formulieren soll. Danach werden die Blätter den ursprünglichen Autorenkindern wieder zurückgegeben. Nun gilt es die entstandene Frage zu beantworten.

II. Schreibszenarien. 21 Beispiele

Beispiele

Heute ging ich mit meinem Eis shoppen.
Was hat sich das Eis gekauft?
Ich ging am Nachmittag mit meinem Eis zu H & M. Ich kaufte mir eine Bluse, aber das Eis fand nichts. Danach gingen wir in die Buchhandlung. Ich fand ein schönes Buch und kaufte mir noch eine TV-Zeitschrift. Bei McPaper musste ich mir Patronen kaufen. Auf dem Weg wollte ich Pizza essen. Als ich meine Hawaiipizza gegessen hatte, wollte ich mal in den Handyladen schauen. Coole Handys waren ausgestellt. Das Eis war traurig. Es fand nie was. Ich fragte: „Willst du ein Sahnehäubchen bekommen?" „Ja!", sagte das Eis. „Das macht sich gut, weil ich noch zum Friseur wollte."
Sophia und Maud, 9 und 10 Jahre

Heute war in meiner Pastillendose ein kleiner, seltsam aussehender Koffer.
Wie ist er hineingekommen?
Ich habe ihn von meiner Oma bekommen, doch ich benutze ihn seit zwei Jahren nicht mehr. Mein Koffer hustete sehr, daher schloss ich ihn in die Pastillendose (Pfefferminze) ein, damit er gesund wird.
Maud und Anne, 10 Jahre und 8 Jahre

Beobachtungen

Der besondere Reiz dieses Vorgehens besteht in den unterschiedlichen Deutungsprozessen, die hier angeregt werden. Zuerst erhalten die Kinder inhaltliche Impulse, die durch ihre Verbindung in einem Satz in einen Zusammenhang – eine kleine Episode – gebracht werden müssen. Die Gestaltung der Sinnstrukturen des Satzes ist dabei weitgehend den Kindern selbst überlassen und ihre Fantasien stehen im Mittelpunkt. Im Folgenden werden diese persönlichen Vorstellungsbilder durch die Lesarten anderer Kinder kontrastiert, die dazu andere Vorstellungen entwickeln und diese in den Fragen verarbeiten. Die Autoren des ersten Satzes müssen auf diese Veränderung des Blickwinkels reagieren. Ihre eigenen Konzepte bezüglich einer eventuellen Geschichte müssen nun an die Rahmenbedingungen einer Antwort auf die aufgeworfene Frage angeglichen werden. Der fremde Impuls hilft nicht zuletzt, die eigenen Vorstellungen durch neue Anregungen zu erweitern. Ein scheinbar banales (Schreib-)Spiel regt so bei näherer Betrachtung vielfältige Vermittlungsprozesse im Rahmen schriftsprachlicher Gestaltung, Darstellung und Kommunikation an.

Fazit

Die drei vorgestellten Bilderbücher bieten Anregungen für das eigene Nachdenken über Wirklichkeiten, wobei eine klare Grenze zwischen dem Fantastischen und dem Realistischen in den entstehenden Texten nicht gezogen werden kann. Die Bilderbücher machen aber auch klar, dass es „den" Sinn als eine absolute und allgemeingültige Erklärbarkeit der Phänomene unserer Umwelt nicht geben kann. Die Welt ist im-

Literarische Anregungen

mer so, wie sie in den Augen des jeweiligen Betrachters in einer bestimmten Situation erscheint. Vorschnelle Vereinheitlichungen vereinfachen unzulässig und schneiden das Persönliche der konkreten Erfahrung häufig ab.

Offene Frage-Antwort-Spiele, wie sie in den angebotenen Bilderbüchern aufgegriffen werden, regen bei Kindern Vorstellungen an. Die narrative und dramaturgische Handlungslogik der Bücher wird dabei nicht nur nachvollzogen, sondern sie wird selbst zum sinngestaltenden Moment, wenn wie im letzten Beispiel die dialogische Struktur des Textes zur konkreten Anregung und Erweiterung der eigenen Vorstellungen wird.

Die Bücher sind so nicht nur Anlässe, eigene Vorstellungen zu bilden, sondern sie bieten in ihrer besonderen Gestaltung auch die narrativen Strukturen, diese Vorstellungen zur Grundlage eigener Artikulationsprozesse werden zu lassen. Dadurch wird die durch die Bücher aufgegriffene subjektive Sicht auf die Welt auch in den Gestaltungsprozessen der Kinder unterstützt. Das literarische Erlebnis führt zu eigenen Gestaltungen, die immer auch die persönlichen Blickwinkel und Fragwürdigkeiten im Feld individueller Erfahrungswelten berücksichtigen. So werden fantastische Freiräume angeboten, die die Kinder zur langsamen Durchdringung der Wirklichkeit einladen.

Die Bilderbücher können auf diese Weise zu Brücken zur Welt und ihren Phänomenen werden, wenn das Spiel mit den durch die Fragen angedeuteten Erfahrungswelten der Kinder den Text zum Bezugs- und Darstellungsrahmen der eigenen Vorstellungen werden lässt. Im Spannungsfeld inhaltlicher und sprachlicher Strukturen kann produktives und persönlich bedeutsames literarisches Lernen stattfinden.

Weitere Bilderbücher zum Thema Fragen

- Lila Prap: *Warum?* Zürich: Bajazzo, 2005
- Antje Damm: *Ist 7 viel?* Frankfurt/Main: Moritz, 2003
- Antje Damm: *Was ist das?* Hildesheim: Gerstenberg, 2006

16. Gespensterbriefe

Thema und Intention

Spuk, Magie und Spaß liegen heute nahe beieinander. Jenseitige Welten faszinieren, was der aktuell stark auf magische Themen ausgerichtete Buchmarkt für Kinder eindeutig bestätigt. Doch in der Bereitschaft, sich mit verschiedensten Fantasiegestalten zu beschäftigen, offenbart sich auch die Bedeutung, die diese Wesen im Laufe der psychosozialen Entwicklung der Kinder einnehmen.

Für Kinder sind Gespenster, die ihre eigenen Fantasiewelten bevölkern, häufig auch Symbole für diffuse Ängste und für die Erfahrung von Hilflosigkeit. Sie sind das Andere zur elterlichen Geborgenheit, das zumeist gewaltsam und doch nicht fassbar in die kindliche Vorstellung der Wirklichkeit einbricht. So treten sie auch vornehmlich außerhalb des Wirkungskreises der Eltern auf. Erst wenn das Kind im Bett liegt und die Eltern sich aus dem Zimmer zurückgezogen haben, kommt das Gespenst aus seinem Versteck und beginnt es zu ängstigen.

Literarische Anregungen

Georg Bydlinski: *Wenn du ein Gespenst kennst*

Wenn du ein Gespenst kennst,
wenn du einen Geist weißt
(aber einen zahmen),
sag mir seinen Namen!

Wohnt der Geist im dritten Stock
dort in diesem Häuserblock?
Wird er dort auch bleiben?
Sag mir seinen Namen,
denn ich will ihm schreiben!

© 2002. Patmos Verlag GmbH & Co. KG/
Sauerländer, Mannheim

Das Gedicht von Georg Bydlinski dreht diese kulturell geprägten Verhältnisse um. In dem Text, der sprachlich durch die klare und eingängige Struktur besticht – Paarreime, Binnenreime und Wiederholungen geben dem Gedicht eine Leichtigkeit, die zum Nachahmen und Imitieren anregt –, kommt dem Gespenst eine andere Rolle zu. Es wird zum Kommunikationspartner und zum Spielgegenüber; so jedenfalls suggeriert es Bydlinski in dem Text. Die Beschreibung des Gespenstes durch den Dichter und der Vorschlag, dem Wesen zu schreiben, nehmen ihm seine angsteinflößenden Eigenschaften. Es wird zum Adressaten des Lesers, der überlegt, was er ihm schreiben würde. Im Spannungsfeld eigener Vorstellungen und kultureller wie auch literarischer Muster wird ein Spiel mit Bedeutungen inszeniert, das kreative Sprachschöpfungen anregt.

Der konkrete Schreibanlass zum Gedicht steckt bereits in der letzten Zeile des Textes. Hier formuliert das lyrische Ich den Wunsch, einem Gespenst einen Brief zu schreiben. Dieser Wunsch ist sicherlich überraschend, weil ein freiwilliger Kontakt zu einem Gespenst unüblich ist; noch dazu, wenn er schriftlich erfolgen soll. Dieses überraschende Moment löst ein kreatives Nachdenken und Fantasieren über mögliche Briefinhalte aus.

Einstieg

Zur Einstimmung wird durch eine entsprechende Raumgestaltung eine gruselige und gespenstische Atmosphäre geschaffen. Besonders die ohnehin dunkleren Jahreszeiten Herbst und Winter bieten hier mögliche Rahmenbedingungen, die auch an konkrete Erfahrungen der Kinder anknüpfen können. Gespensterlieder, wie zum Beispiel *Gespensterstunde* von Toni Geiling,[21] können zudem thematisch sensibilisieren.

Nachdem das Gedicht vorgelesen wurde, überlegen die Kinder, was für Gespenster sie kennen. Die Frage „Welches Gespenst kennst du?" steht im Raum. Die Kinder berichten von konkreten (literarischen und medialen) Erfahrungen oder denken sich neue Gespenster aus. Dazu kann auch ein Sprachspiel dienen, bei dem zum Beispiel Schulgespenster erfunden werden. Schulwörter werden gesammelt und mit dem Wort *Gespenst* – oder einem verwandten Wort – zusammengesetzt. So können zum Beispiel *Federmappengespenster, Lehrerzimmergeister* oder *Turnhallendämonen* entdeckt werden. Gleichzeitig können aber auch Ängste im Zusammenhang mit Gespenstern und Geistern zum Gesprächsthema werden.

Nachdem sich die Kinder über ihre Gespenster und deren Namen ausgetauscht haben, sollen sie ihr Gespenst auf ein weißes Blatt zeichnen und ausschneiden. Im Anschluss daran kann das Gespenst auf ein schwarzes oder dunkelblaues Blatt geklebt werden, was durch die scharfen Kontraste bereits eindrucksvoll wirkt. (Hinweis: Die Kinder sollten das Gespenst möglichst dickbäuchig gestalten, um Platz für ihren Gespensterbrief zu haben.)

Organisatorische Hinweise

Zielgruppe: Klassen 3 und 4
Material: Schreibmaterial, Gedichttext, schwarze und weiße DIN-A4-Papiere, Dekorationsmaterial, eventuell CD mit Gespensterliedern
Zeit: 90 Minuten

Schreibanregung

Nun schreiben die Kinder ihrem Gespenst einen Brief. Hier können sie auf ihre Erfahrungen mit dem Gedicht *Wenn du ein Gespenst kennst* zurückgreifen, denn grundsätzlich ermöglichen Gedichte ihren Lesern und Hörern eine vertiefte Empfindung der Sprache. Sie sind die „ästhetische[n] Manifestationen von Sprache", wie Kaspar H. Spinner hervorhebt.[22] Intensive Erfahrungen mit poetischen Texten können für Kinder einen Anlass für eigene Sprachproduktionen darstellen. Das Gedicht kann dabei zur Vorlage werden, an der sich die sprachlichen Gestaltungsprozesse entfalten können. Die Kinder erhalten so Anregungen und Stützen beim Schreiben, die aber nicht ihre eigenen Gestaltungsmöglichkeiten einengen.

Es empfiehlt sich, dass die Kinder den Brief erst vorschreiben und ihn anschließend, gegebenenfalls auch überarbeitet auf den Bauch ihres Gespenstes übertragen. Schließlich können die Gespenster im Sitzkreis präsentiert, die Gespenstergeschichten gelesen und das Schmuckblatt anschließend aufgehängt werden. Das Binden eines Gespensterbuches der ganzen Klasse stellt eine weitere Möglichkeit zur Präsentation der Texte dar. Als Alternativ- oder Zusatzangebot kann auch ein Gespenster-ABC-darium angefertigt werden.

Literarische Anregungen

Beispiele

An Stinki
Lieber Herr Gespenst,
ich möchte Ihr Freund sein.
Heinrich, 7 Jahre

Liebes Gespenst,
ich bin ziemlich traurig,
weil ich keinen Freund habe.
Willst du mein Freund sein?
Deine Lydia, 8 Jahre

Liebes Gespenst,
traurig du durch die Straßen fliegst,
siehst einem Boxer zu, wie dieser siegt.
Schaurig traurig diese Nacht.
Das hättest du sicher nie gedacht.
Nie mehr leben,
nie mehr geben.
Tja, so sind die Nächte und diese Nacht.
An Thalia, das Straßengespenst.
von Alexandra, 10 Jahre

Beobachtungen

Wie individuell verschieden einzelne Kinder mit der Vorlage des Gedichttextes beim Verfassen eines eigenen Gespensterbriefes umgehen, zeigen die ausgewählten Beispieltexte. Während Heinrich und Lydia sich selbst sehr stark in Beziehung zu dem Gespenst setzen und das Schreiben so unmittelbar an ihre persönlichen Erfahrungen anknüpfen lassen, nutzt Elias (im auf S. 102 abgebildeten Brief) die eröffneten Schreibspielräume zu einem vergnüglichen Spiel mit Worten, Klängen und Bedeutungen, das schließlich einen Zungenbrecher entstehen lässt. In Alexandras Text finden sich hingegen auch auf sprachlicher Ebene klare Anknüpfungspunkte an die literarische Vorlage. Wie auch der Text Bydlinskis nutzt sie das Schema des Paarreims, wobei sie das Stilmittel des verzögernden Einschubs in der vorletzten Zeile im Gedicht Bydlinskis („Sag mir seinen Namen") in ihrem Gedicht aufgreift, jedoch zu einer relativ komplexen Verknüpfung der Formen des Paarreims (aa bb) und des verschränkten Reims (ab ba) erweitert (aa bb a). An dieser beachtenswerten Leistung Alexandras wird deutlich, wie anregend intensive literarische Erfahrungen für die Schreibprozesse von Kindern sein können. Das völlig selbstständige Aufgreifen sprachlicher Eigenarten eines Textes und die Adaption dieser im Rahmen eigener Schreibprozesse zeigen, dass literarische Texte Muster und Vorlagen bieten, die sprachliche Produktivität auf hohem Niveau begünstigen können. Dennoch stellen sie nicht nur eine Anregung für besonders begabte Kinder dar, sondern beinhalten auch Anknüpfungspunkte für die Kinder, die noch nicht in hohem Maße über die Kompetenzen im Bereich schriftsprachlicher Gestaltungsprozesse verfügen.

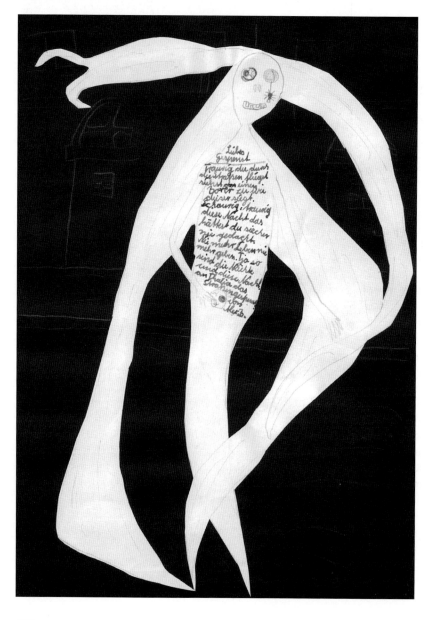

17. Die Bibliothek des Raben

Thema und Intention

Kinder lieben es, in das Innere eines Gegenstandes hineinzuschauen. Sie zerlegen einen alten Wecker, sie bauen ein Fahrrad auseinander, sie untersuchen ein Spielzeugauto. Sie wollen wissen, was das Ding im Innersten zusammenhält.

Im nachfolgenden Beispiel wird ein literarischer Text dazu genutzt, Kinder in das Innere der Geschichte, ihre Bauweise hineinschauen zu lassen. Die Geschichte wird nicht, wie sonst üblich, zu Beginn vorgelesen oder erzählt. Vielmehr dient als Schreibimpuls das „Innere" der Geschichte, nämlich die zunächst in ihre wichtigsten Einzelteile zerlegte Geschichte.

Einstieg

Diese wichtigen Bestandteile sind die handelnden Figuren und die zentral in der Geschichte mitspielenden Gegenstände. Sie sind in Form von Fingerpuppen und Miniaturspielzeug in einer kleinen Kiste versteckt, die mit den Worten präsentiert wird: „Hier drin befindet sich eine Geschichte. Sie heißt *Der Heimweg*. Aber die Geschichte ist kaputtgegangen, sie existiert leider nur noch in ihren Einzelteilen. Wie könnte man aus den Teilen eine ganze Geschichte machen?"

Die fünf handelnden Figuren (eine Schnecke, ein Hahn, ein Maulwurf, ein Pferd und ein Rabe mit Gipsbein) und die acht wichtigen Gegenstände der Geschichte (sieben Bücher, ein Mond) werden in der zunächst geschlossenen Kiste vor die Kinder hingestellt. Dann wird die Kiste langsam geöffnet und die kleinen Teile werden einzeln vorgestellt. Auch der Titel der Geschichte – *Der Heimweg* – kann schon einmal verraten werden. Sogar der erste Satz der Geschichte „Es war einmal eine Schnecke, die wanderte so gern ..." kann, auf einem Zettel geschrieben, der ebenfalls in dem Kistchen versteckt war, vorgelesen werden.

Wer will, kann mit diesem Satz beginnen, es ist aber auch möglich, den Satz anders zu formulieren. Wichtig ist, dass alle gezeigten Gegenstände aus der Kiste (Schnecke, Hahn, Maulwurf, Rabe mit Gipsbein, Pferd, sieben Bücher und der Mond) in der zu schreibenden Geschichte untergebracht werden. Das ist die Spielregel, auf die sich alle, die sich am Schreibspiel beteiligen, einlassen müssen.

Die Kinder können nun in aller Ruhe die Dinge betrachten und haben Zeit, ihrer Fantasie freien Lauf zu lassen. Die Einzelteile einer Geschichte liegen vor ihnen – wie wird daraus eine ganze Geschichte?

Die Einzelteile der Geschichte:
Hauptperson: eine Schnecke
Mitspieler: ein Hahn, ein Rabe mit Gipsbein, ein Pferd, ein Maulwurf
Dinge: sieben Bücher, der Mond

Organisatorische Hinweise

Zielgruppe: Klassen 2–4
Material: Schreibmaterialien, Buntstifte, kleine Spielfiguren in einer Schachtel, vorgefaltete, verschieden große leere Buchformen
Zeit: 90–120 Minuten
Bemerkungen: Die Geschichte *Der Heimweg* von Eva Maria Kohl, auf die sich dieses Schreibspiel bezieht, ist auch als Hörbuch mit weiteren vier Bilderbuchtexten der Autorin erschienen, sodass die Geschichte auch angehört statt vorgelesen werden könnte: Eva Maria Kohl: *Unterwegs mit Geschichten. Fünf fantasievolle Lesetexte zum Lesen, Hören und Mitmachen.* Seelze-Velber: Kallmeyersche Verlagsbuchhandlung, 2002.

Schreibanregung 1

Die Herausforderung des Schreibspiels besteht nun darin, die vorhandenen Gegenstände in eine Ordnung zu bringen, einen Zusammenhang herzustellen und damit eine Abfolge des Geschehens zu konstruieren. Die tatsächliche Gegenständlichkeit

Literarische Anregungen

der Geschichtenelemente übt eine starke Faszination auf die Kinder aus. Sie sehen die Schnecke, den Raben und die sieben kleinen Büchlein. Wie könnte man das ordnen, wie passt das zusammen? Es ist für die Kinder vergleichbar mit einer Rätselaufgabe, die immer eine intellektuelle Herausforderung darstellt. Aber im Unterschied zum Rätsel, das am Ende nur einen einzigen richtig geratenen Begriff kennt, wird es hier viele Varianten der Geschichten geben können. Es gibt kein Richtig und Falsch. Jede Geschichte wird auf ihre Weise ihre Berechtigung haben. Die Kinder sind aufgefordert, zum Baumeister ihrer eigenen Geschichte zu werden. Das Baumaterial liegt vor ihnen. Den Bauplan erstellen sie selbst.

Schreibanregung 2

Die Geschichte *Der Heimweg* endet damit, dass der Rabe der Schnecke eine Geschichte vorliest. Die Schnecke darf sich aussuchen, welche Geschichte sie hören will. Welche Geschichte mag sich wohl die Schnecke aussuchen? Hat sie vielleicht eine Lieblingsgeschichte?

Wieder ist damit eine vergnügliche Rätselsituation inszeniert. Die Auswahl an Lektüremöglichkeiten wird noch größer, wenn hinzugefügt wird, dass der Rabe natürlich ein erfahrener Bibliotheksbenutzer ist. Er hat zu Hause eine ziemlich große Bibliothek, eine echte Rabenbibliothek!

Das Bild der Rabenbibliothek bietet damit einen weiteren Gestaltungsimpuls, der nach dem Erfinden der eigenen Schneckengeschichte als Fortsetzung genutzt werden kann. Hierzu müssen vorab wieder verschiedenfarbige und verschieden große Buchumschläge vorbereitet sein, damit die Kinder an dieser Stelle sofort mit der Gestaltung beginnen können.

Die Kinder schreiben ins Innere der vorgefalteten Papiere nun die jeweilige Geschichte, die der Rabe in seiner Bibliothek hat. Hier kann der Hinweis sehr hilfreich sein, dass der Rabe nicht nur Märchenbücher, Geschichten und Bilderbücher in seinem Schrank habe, sondern auch ein Telefonbuch, ein Buch mit Fußballspielergebnissen, ein Rätselbuch, ein Kochbuch, ein Gartenbuch und so weiter. Zusätzlich kann man auf der Außenseite der Bücher noch Nummerierungen anbringen: Band 26 der Rabenbibliothek, Band 14 der Rabenbibliothek.

So wird die Beschäftigung mit der Bibliothek des Raben zugleich eine Expedition in das Reich der Bücher und vermittelt den Kindern wiederum ein lebendiges, nämlich selbsterlebtes Stück Buchkultur.

Beispiele

Der Herr Schneck hatte viele Freunde: den Maulwurf, den Raben und den Hahn. Sie wollten einen Schatz suchen und gingen los. Dann trafen sie ein Pferd. Das Pferd kam mit. Der Rabe stolperte und brach sich das Bein. Sie machten ihm einen Gips. Vor ihnen lagen viele Bücher. Der Hahn sagte: Der Schatz! Es war schon Nacht und der Mond lachte.
Arian, 7 Jahre

Es war einmal eine Schnecke. Sie ging spazieren. Da traf sie ein Pferd. Das Pferd las gerade einem Huhn ein dickes, blaues Buch vor. Da kam plötzlich der Rabe Ricki und hörte zu. Da beschwerte sich der Maulwurf, weil es so laut war. Die Ziege kam angelaufen und kaufte viele Bücher.
Laura, 8 Jahre

Es war einmal eine kleine Schnecke. Eines Tages ging sie in die Bibliothek und kaufte sich ein Buch. Es war spannend, sehr spannend. Die kleine Schnecke las die Überschrift: „Das Geisterschloss". Die kleine Schnecke gruselte sich nicht.
Cecile, 8 Jahre

Hinweis

Wenn die Kinder ihre selbsterfundenen Geschichten vorgelesen haben und sie genügend gewürdigt worden sind, kann nun auch zum Vergleich die komplette Ausgangsgeschichte *Der Heimweg* vorgestellt werden. Dabei ist aber unbedingt darauf zu achten, dass dieser Vergleich nicht wertend ausfällt! Der literarische Text ist der Text einer erwachsenen Autorin, sie hat natürlich andere Erfahrungen beim Geschichtenschreiben, und deshalb ist es auch eine ganz andere Geschichte geworden. Der Vergleich dient also lediglich dazu, die Ursprungsgeschichte kennenzulernen.

Die Ursprungsgeschichte erzählt davon, dass eine Schnecke schrecklich langsam ist, deshalb will niemand mit ihr mitwandern. Da geht sie allein los, mutig und unternehmungslustig. Sie erlebt viel, aber dann kommt der Rückweg und ihre Kräfte erlahmen. Alle, die sie um Hilfe bittet, lehnen ab. Nur einer, selbst ein Hilfsbedürftiger, der Rabe mit dem Gipsbein, wird zum Gefährten. Sie helfen sich gegenseitig und schaffen es gemeinsam nach Hause.

Eva Maria Kohl: *Der Heimweg*
Es war einmal eine Schnecke, die wanderte so gern. Aber weil sie so langsam war, wollte niemand mit ihr mitwandern. Da zog sie allein los.
Sie wanderte aus der Stadt heraus, bis zu einer großen Wiese. Über ihr war der blaue Himmel.
Die Sonne schien. Die Schnecke freute sich.
Unter einem Löwenzahnblatt hielt sie Mittagsschlaf. Am Nachmittag kletterte sie auf einen Berg. Von oben konnte sie über alle Grashalme und Gänseblümchen hinweg sehen.
Dann machte sie sich auf den Heimweg.
Endlich kam sie in die Stadt. Es begann schon zu dämmern. Der Weg war noch sehr lang.
Hoffentlich bin ich zu Hause, bevor es ganz dunkel ist!, dachte sie ängstlich.
Ich muss noch über die Brücke und den Platz, an der Schule vorbei und zuletzt über den Zebrastreifen.
Sie schaffte es über die Brücke. Sie überquerte den Platz. Am Schultor machte sie eine

kleine Pause. Dann kam sie an den Zebrastreifen. Plötzlich hatte sie keinen Mut mehr.
Ich schaffe es nicht, dachte sie. Ich bin so klein und ganz allein. Wer hilft mir heim?
Da kam eine Ziege vorbei. Bitte, Frau Ziege, helfen Sie mir rüber!
Ich muss ins Büro. Tut mir leid, keine Zeit!, meckerte die Ziege.
Nach fünf Minuten kam ein Hahn vorbei.
Guten Abend, Herr Hahn, sagte die Schnecke. Darf ich Sie um einen Gefallen bitten?
Mein Zahn, mein Zahn!, jammerte der Hahn. Tut mir leid, keine Zeit.
Dann kam ein Maulwurf vorbei. Er hatte eine Mütze auf. Wollen wir zusammen gehen?, fragte die Schnecke.
Ich bin im Dienst, rief der Maulwurf, sehen Sie das nicht? Tut mir leid, keine Zeit.
Am Himmel zog der Mond auf. Der erste Stern machte sein Licht an. Es wurde Nacht.
Die Schnecke wurde traurig.
Da kam ein Pferd. Hilfst du mir, liebes Pferd?, bat die Schnecke.
Heute nicht, sagte das Pferd. Ich muss noch mein Auto aus der Werkstatt holen. Tut mir leid, keine Zeit.
Die Schnecke begann zu weinen. Warum hilft mir niemand? Ich bin so klein und ganz allein. Ich möchte heim!
Als sie fünf Minuten geweint hatte und mal Pause machte, hörte sie ein anderes Weinen.
Wer weint denn hier?, dachte die Schnecke erstaunt. Sie sah sich um.
Da kam ein Rabe angehumpelt. Er hatte ein Gipsbein. Unter dem Flügel trug er sieben Bücher.
Sieben Bücher und ein Gipsbein, jammerte der Rabe, das ist zu viel!
Warum schleppst du so viele Bücher?, fragte die Schnecke.
Ich lese jeden Tag ein Buch, sagte der Rabe. Also brauche ich für eine Woche sieben Bücher.
Das verstand die Schnecke. Gib mir ein Buch, sagte sie. Ich helfe dir tragen.
Vielen Dank!, sagte der Rabe.
Dann humpelte der Rabe mit dem Gipsbein neben der kleinen Schnecke langsam über den Zebrastreifen. Es dauerte sehr lange. Aber sie schafften es.
Der Rabe lud die Schnecke ein, einen Tee mit ihm zu trinken. Dann las er ihr eine Geschichte aus seinen sieben Büchern vor. Die Schnecke durfte sich aussuchen, welche sie hören wollte.
Weißt du, welche Geschichte sich die Schnecke ausgesucht hat?

Quelle: *Unterwegs mit Geschichten*, aus: Grundschule Sprachen 1/2002,
Friedrich Verlag GmbH, 2002

Der Ort der Geschichten

In einem seiner Gedichte für Kinder, *Die schlafende Schönheit*, behauptet Gianni Rodari, Geschichten würden überall auf der Welt schlafen, man brauche sie nur aufzuwecken, und schon würden sie lebendig. Die Geschichten, sagt Rodari, sind stumm in alle Dinge eingetaucht. Sie schlafen in der Rose und im Glas, in der Erde und im Gras und warten darauf, dass man sie entdeckt und wachküsst. Für das Wachküssen sind Prinzen und Dichter zuständig.

Das Geschichtenaufwecken kann man eigentlich überall auf der Welt und zu jeder Stunde, wenn man nur will und wenn man sich ein wenig Zeit dafür nimmt. Grundsätzlich gibt es dafür zwei Wege, die sich allerdings auch kreuzen können. Zum einen gibt es die Möglichkeit, Augen, Ohren und Nase weit aufzusperren und den realen Ort oder das Ding intensiv auf sich wirken zu lassen und zu versuchen, ihm seine Geschichte abzulauschen. Welche Farben hat der Ort, wie riecht er, welche Stimmen kann ich hören, was ist das Besondere an diesem Ort? Am Ufer eines Flusses stehend betrachte ich das dahinströmende Wasser, die Uferränder, die Farbe des Himmels, und meine Gedanken können den Fluss hinauf oder hinunter reisen – wohin? Was wird dort sein? Dort, hinter der Flussbiegung, wo der Wald anfängt, dunkel und geheimnisvoll? In die Betrachtung einer Landschaft oder eines bestimmten Ortes, zum Beispiel einer Wiese, versunken, kann ich den dort beheimateten Geschichten auf den Grund gehen.

Die zweite Möglichkeit kann in jedem, sogar einem stockdunklen Raum ihren Ausgangspunkt finden. Dafür brauche ich nämlich nichts unmittelbar zu sehen, hören, riechen und anfassen. Jetzt gilt es, den umgekehrten Weg zu gehen – nicht zu dem Äußeren vor mir, sondern in das Innere in mir. Das ist der Weg der Tagträume, der Imaginationen, mithilfe derer ich mich an jeden beliebigen anderen, fremden Ort begeben kann, den ich mir zum Schauplatz meiner zu schreibenden Geschichte wähle.

Es ist eine schöne Übung der Vorstellungskraft, mit Kindern ein paar Minuten – nicht viel, zwei Minuten können schon sehr lang sein! – die Augen fest zu schließen und in das dunkle Innere einzutauchen. Was taucht erinnernd zuerst auf? Der Tisch im Kinderzimmer zu Hause? Der Lieblingsplatz im Garten, wo man im Sommer gern spielt? Die Erinnerung kann den Ort herbeiholen, und die Worte, die man dafür findet, können ihn anderen Menschen, die ihn noch nie gesehen oder betreten haben, vorstellbar machen.

Aus der Wahrnehmung der realen Wirklichkeit und der Vorstellung einer möglichen Wirklichkeit kann etwas Neues, eine Geschichte gebaut werden. Der wirkliche oder imaginierte Ort ist dabei der Anfang, die Quelle der Inspiration; mehr nicht, aber auch nicht weniger.

Es sollte immer an möglichst sinnlich fassbaren Orten und mit konkreten Gegenständen begonnen werden, die Fantasie der Kinder anzuregen. Sie sollten erst die Dinge in die Hand nehmen können, sei es eine silberne Geschichtendose, ein Stein, eine Perle, ein kleines Holzhäuschen oder der Rest eines Radiergummis, bevor sie von ihnen zu erzählen beginnen. Die stumme Sprache der Dinge kann dadurch, dass wir sprachmächtigen Wesen mit ihnen in Kontakt treten, ihren Ausdruck bekommen. „Nur ein Wort setzt uns mit den stummen Dingen in Kontakt", schreibt Giorgio Agamben in seiner *Idee der Prosa*, und er fährt fort: „Während Natur und Tiere stets schon in eine Sprache eingefügt sind und auch dann, wenn sie schweigen, ohne Unterlass sprechen und auf Zeichen antworten, vermag einzig der Mensch, im Wort, die unendliche Sprache der Natur zu unterbrechen und einen Augenblick vor die stummen Dinge zu treten. Nur für den Menschen gibt es die Rose, ohne zu kosten, die Idee der Rose."[23]

In den magischen Denkbildern der Kinder im Grundschulalter haben die Dinge natürlich sowieso eine Sprache. Der Baum kann reden, der Himmel hört zu, das Dunkel greift bedrohlich nach ihnen, die Wiese lädt ein, sich zu setzen, und der Ball ist hinter den Strauch gerollt, weil er sich dort verstecken will. Die Kinder sind der von Agamben beschriebenen stummen Sprache der Dinge viel näher, als wir es später als Erwachsene noch sein können oder wollen.

Diese wundersame Bündnisfähigkeit zwischen den Dingen und den Kindern gilt es lesbar zu machen, indem wir den Kindern einen Raum öffnen für ihre Entdeckungen und ihnen Zeit lassen, dafür die für sie richtigen Worte zu finden.

Man kann mit Kindern in jedem Klassenraum Geschichten schreiben, wenn Zeit, Ruhe und Muse dafür gelassen werden. Aber besonders schön ist es natürlich, einmal hinauszugehen unter einen Baum, auf eine Wiese, an einen Bach oder mitten auf einen lebhaften Platz, und sich dem Staunen hinzugeben, dass dort tatsächlich eine Geschichte darauf wartet, aufgeweckt, eingefangen und auf dem weißen Papier festgehalten zu werden.

18. Geschichten aus der Dose

Thema und Intention

Eine Dose kann viel beinhalten. Angefangen von Keksen und Nudeln über Stifte, Knöpfe und Schrauben bis hin zu mühsam erarbeiteten Ersparnissen findet sich vieles in den kleinen Behältnissen. Aber nicht nur die Inhalte der Dosen unterscheiden sich, auch ihre Formen sind enorm vielfältig; manchmal sind sie kunstvoll und aufwendig, zum Beispiel wenn es sich um eine Schmuckdose oder um eine Bonbonniere handelt, aber oft auch ganz schlicht und einfach, zum Beispiel die Nageldose in der Werkstatt. Viele Dosen haben auch bereits mehrere Funktionen innegehabt. Nicht selten werden Kaffeedosen später zu Stiftdosen oder Margarinebecher zu Sammelbehältnissen für kleine Schätze wie Steine oder Muscheln. Und wer hat als Kind nicht gern mit der Knopfdose der Oma gespielt, die in den meisten Fällen eigentlich auch eine Bonbondose war.

Dosen sind – zumeist gut verschlossene – Orte der Sammlung und Aufbewahrung von Gegenständen. Dabei sind sie oft auch Orte, wo Erinnerungen zu Hause sind. Die Dose beispielsweise, in der auf dem Küchentisch der Eltern die allmorgendlichen Haferflocken zu finden waren, kann, begegnet man ihr Jahrzehnte später wieder, intensive und stark emotional durchdrungene Erinnerungen und Empfindungen auslösen. Oft genug regen Dosen auch die Neugier an, wenn der Deckel den Einblick in ihr Inneres verweigert oder wenn sie unerreichbar und in seltsamer Gesellschaft mit anderen geheimnisvollen Dosen und Flaschen auf einem hohen Regalbrett aufgestellt sind. Der Betrachter fragt sich dann, ob das Aussehen Auskunft über den Inhalt geben kann. Dass Dosen auch als Anlass für das Erfinden von Geschichten gebraucht werden können, zeigt das folgende Beispiel.

Einstieg

Der Liedermacher Gerhard Schöne erzählt in dem Lied *Die Sammlung des blinden Herrn Stein* die Geschichte eines Blinden. Um sich zu erinnern, sammelt dieser nicht etwa Fotos, so wie das sehende Menschen tun, sondern er hebt seine Geschichten und Erinnerungen in kleinen Dosen und Schachteln auf. Diese erzählen jede für sich Geschichten aus dem Leben des alten Mannes. Bevor das Lied angespielt wird, sitzen die Kinder im Stuhlkreis. In der Mitte stehen Dosen, schlichte und geheimnisvolle, mindestens aber so viele, wie Kinder im Raum sind. Die Kinder stellen Hypothesen auf, was sich in den Dosen befinden könnte. Dann hören sie das Lied über den blinden Herrn Stein, der in Schachteln und Dosen Geräusche statt Fotos sammelt.

Der Text bietet vielfältige Anknüpfungspunkte für weiterführende Aktivitäten. Die Kinder sollten sich darüber austauschen, wie es sein könnte, blind zu sein. Vielleicht können auch eigene Erfahrungen im Umgang mit Blinden eingebracht werden. Das Fehlen des Gesichtssinns wird nachempfunden, wenn einzelnen Kindern die Augen verbunden werden und sie sich entweder allein oder mit Hilfe eines „Blindenführers" im Raum orientieren müssen. Danach berichten sie von den Problemen und Empfindungen, die in dieser besonderen Situation für sie wichtig geworden sind. Nun kann auch überlegt werden, warum sich Herr Stein keine Fotos, sondern Dosen mit Geräuschen aufhebt.

Nach einem Austausch, der ausgehend vom Liedtext die Kinder mit der Thematik vertraut macht, malen sie eine der im Lied erwähnten Dosen. Wie stellen sie sie sich vor? Wie sollte zum Beispiel die Dose des Großvaters aussehen? Wie die der ersten Liebe? Durch die produktiv-gestalterische Auseinandersetzung mit dem Lied setzen sich die Kinder noch einmal intensiv mit dem Text auseinander. Der Inhalt wird zur Vorstellung und damit intensiv durchdrungen und nachempfunden.

Organisatorische Hinweise

Zielgruppe: Klassen 2–4
Material: Schreibmaterial, leere Dosen, CD *Böses Baby Kitty Schmidt* von Gerhard Schöne (Berlin: Buschfunk Verlag, 1995) – alternativ: Text zum Lied (im CD-Booklet abgedruckt, auch im Internet verfügbar)
Zeit: 90–120 Minuten
Bemerkungen: Wenn die CD nicht verfügbar sein sollte, kann der Text auch als Gedicht vorgelesen werden.

Schreibanregung

Einer beliebigen Dose aus dem Sitzkreis wird nun die Aufmerksamkeit zugewandt. Gemeinsam wird überlegt, welche Geschichten wohl in ihr verborgen sein könnten. Die Kinder erzählen Geschichtenanfänge, die ihre ganz unterschiedlichen Vorstellungen zum Vorschein bringen.

Nun sucht sich jedes Kind eine Dose aus dem Sitzkreis aus, die es besonders angesprochen hat. Welche Geschichte sich wohl in ihrem Bauch verbirgt? Die Kinder schreiben sie auf. Schließlich können eigene Dosen aus Papier gebastelt und gestaltet werden, in denen die Geschichten zusammengefaltet aufbewahrt werden können.

Beispiel

Omas alte Keksdose

Hallo! Ich heiße Clara. Heute möchte ich euch die Geschichte von Omas alter Keksdose erzählen. Ihr müsst wissen, Omas Kekse sind die besten Kekse, die ich kenne. Also, es war wieder Weihnachtszeit. So wie jedes Jahr wollten Oma und ich Kekse backen. Wir fingen an. Wir backten Lebkuchenkekse, Mürbeteigkekse und, und, und ... Aber da gab es ein Problem: Die Keksdose vom letzten Jahr war zu klein geworden. Deswegen stieg Oma nach unten in den Keller; natürlich mit einer Taschenlampe. Nach ein paar Minuten kam sie mit einer etwas verstaubten, aber schönen und großen Keksdose wieder. Wir legten die vielen Kekse in die Dose. Bald hatte ich Geburtstag. Wir fingen an zu feiern. Bald holte Oma die Keksdose aus dem Keller hervor. Als wir die Hälfte aufgegessen hatten, füllte sich die Keksdose wieder. Ich glaube, keiner hat es so richtig bemerkt, dass die Keksdose nicht alle wurde. Doch ich habe aufgepasst.
Clara, 9 Jahre

Der Ort der Geschichten

19. Wiesengeschichten

Thema und Intention

Wiesen sind Orte intensiver sinnlicher Erfahrungen. Die Vielfalt der Eindrücke – die vielen Farben der Gräser und Blüten, das sanfte Streichen des Windes über das Gras, das auch auf der Haut spürbar ist, das Summen der Insekten und der Geruch der verschiedenen Wildblumen und Kräuter – macht die Wiese an sonnigen Sommertagen zu einem Erfahrungsraum prallen Lebens. Im Winter, wenn das Gras vertrocknet unter Raureif oder Schnee liegt, scheint auf der Wiese die Leere nahezu fassbar zu werden. Und an einem verregneten Herbsttag greift das nasse Gras nach unserer Kleidung. Es benetzt Schuhe und Hosen mit Wasser und beginnt – indem es uns aufweicht – die scheinbaren Distanzen, die uns selbst von der Natur trennen, Stück für Stück zu überwinden.

Wiesen sind damit Orte, die dem Schreiben anscheinend gänzlich fremd sind. Die Natur in ihrer Ursprünglichkeit tritt hier der Kultur entgegen. Die Erfahrung ist vorsprachlich und noch nicht der strukturierenden Bearbeitung eines literalen Bewusstseins unterworfen. In dem Moment, wo die individuellen Erfahrungen auf der Wiese versprachlicht werden sollen, müssen sie von allen sinnlichen Momenten befreit und in eine Reihenfolge hintereinander geordnet werden. Mit Worten wird versucht, die Zustände zu beschreiben, ohne dass die Komplexität der wirklichen Erfahrung in der Sprache abzubilden sein kann.

II. Schreibszenarien. 21 Beispiele

Allerdings birgt gerade diese scheinbare Unvereinbarkeit der Wiese und des Schreibens als didaktisches Spannungsfeld viel Potenzial für produktive Schreibprozesse in sich. In der freien Natur werden einerseits die Sinne aufs Äußerste beansprucht. Hier werden Eindrücke gesammelt, die Vorstellungen und Bilder für eigene Geschichten bieten können. Andererseits regt die Wiese mit ihren ganz eigenen Größen- und Raumverhältnissen dazu an, fremde Perspektiven einzunehmen und die Welt aus anderen Blickwinkeln zu betrachten. Der scheinbar bekannte Ort wird fremd und geheimnisvoll. Und plötzlich finden sich Anknüpfungspunkte für die eigene Fantasie. Dass das auch die literarische Produktivität von Kindern beleben kann, sollen die folgenden Beispiele zeigen.

Organisatorische Hinweise

Zielgruppe: Klassen 1 und 2
Material: was auf der Wiese im Überfluss zu finden ist
Zeit: 45 Minuten
Bemerkungen: Es ist nur darauf zu achten, dass die Kinder keine Pflanzen verwenden, deren Bestand auf der Wiese durch die Gestaltung wesentlich dezimiert werden könnte.

Schreibanregung 1: Schriftbilder

Ein Ausgangspunkt für produktive Spracharbeit kann die Arbeit mit konkretem Naturmaterial sein. Die Schriftbilder, wie sie weiter oben bereits beschrieben worden sind (vgl. Schreibszenarium 1), sollen hier nur genannt werden. Die Kinder suchen sich Materialien aus, die es auf der Wiese im Überfluss gibt, und formen damit die Buchstaben des Materialnamens.

Der Ort der Geschichten

> **Organisatorische Hinweise**
>
> *Zielgruppe:* Klassen 2 – 4
> *Material:* Schreibmaterial, eine feste Schreibunterlage (zum Beispiel eine Mappe oder ein großes Bilderbuch)
> *Zeit:* 45 – 60 Minuten
> *Bemerkungen:* Zur Anregung kann zusätzlich ein schönes Wiesengedicht vorgelesen werden, zum Beispiel *Wiese, grüne Wiese* von Peter Hacks. In: Helmut Preißler (Hrsg.): *Das Windrad*. Berlin: Der Kinderbuchverlag, 1969.

Schreibanregung 2: Geschichten aus Wiesendingen

Auch die Namen der Dinge, die die Kinder auf der Wiese entdecken, können zum Anlass des Schreibens werden. Zuerst sammeln die Kinder auf einem Zettel alle die Wörter ein, die sie auf der Wiese finden können: *Gras, Baum, Erde, Ameise, Libelle, rascheln, blasen, grün, gelb, sommerlich* und so weiter. Diese scheinbar banale Vorarbeit ist für das Versprachlichen der Naturerfahrung von enormer Bedeutung. Die Kinder achten bewusst auf ihr Umfeld. Sie benennen, was ihnen besonders auffällt. Der sinnliche Eindruck mündet in sprachlichen Ausdruck, was nach Paul Valery ein Grundprinzip aller poetischen Tätigkeit ist.[24] Und so entdecken viele Kinder auch bereits im Benennen ihrer Umgebung die kleinen und großen Geschichten und Gedichte, die in den Dingen selbst stecken und nun von ihnen in Schrift gekleidet werden können. Die gesammelten Wörter können ihnen helfen, den Text zu formulieren.

Beispiele

Gelb

Leuchtend gelbe Zitronenfalter flattern übers Feld,
ob es dem Papagei auf dem Baum da gefällt?
Er jongliert mit Zitronen,
bis er's kapiert.
Ob er für den Löwenzahnwettstreit trainiert?
Die Enten üben ein quakiges Lied.
Das ockergelbe Kamel schaut zu wie's geschieht.
Hanna, 9 Jahre

Der kleine Frosch

Es war einmal ein Frosch, der rot war. Er klagte, dass er nicht so aussehen wollte und warum er denn nicht so wie alle anderen Frösche grün aussähe. Doch er war schon so geboren worden und da ließ man es so. Er wohnte jetzt in Franzig Froschheim, weil seine Eltern ihn abgelehnt hatten. Tage, Monate und Jahre vergingen. Da kam ein Wellensittich mit einer Taucherbrille

II. Schreibszenarien. 21 Beispiele

angeschwommen. Mit einem Pinsel und – der Frosch guckte dumm – grüner, blauer und pinker Farbe. Zuerst malte der Wellensittich den Frosch blau und dann pink an. Das Grün hatte er hinter einen großen Stein gestellt und vergessen. Daraus tauchte der Frosch auf und war nun ein bunter Frosch.
Katharina, 8 Jahre

Organisatorische Hinweise

Zielgruppe: Klassen 3 und 4
Material: Schreibmaterial, eine feste Schreibunterlage (zum Beispiel eine Mappe oder ein großes Bilderbuch), kleine Dinge (Miniaturen) zum Verstecken
Zeit: 90 Minuten

Schreibanregung 3: Der alte Baum erzählt
Manchmal finden sich auf der Wiese auch Dinge, die eine ganz eigene Geschichte zu berichten haben. So können die Kinder zum Beispiel die Geschichten aus dem Leben eines alten Baumes aufschreiben. Im folgenden Beispiel waren an dem Baum – an den Wurzeln, auf Ästen oder unter der Rinde – kleine Dinge und Figuren versteckt, die die Kinder mit großem Erstaunen entdecken konnten. Warum sie allerdings auf dem Baum waren, mussten sie nun in ihren Geschichten klären.

 Beispiele

Der Käferbaum
Es war einmal ein Baum, da saßen viele Käfer dran. Die Einheimischen glaubten, dass der Baum heilig wäre. Aber das stimmte nicht. Die Käfer fanden es dort nur so toll, weil es in dem Baum so viele Ritzen gab.
Heinrich, 7 Jahre

Die Ente im Baum
Es war einmal ein kleiner Baum namens Susi. Sie stand ganz allein auf einer großen Wiese. Sie hätte gerne einen Freund gehabt. Oft wollte sie sich mit den Blumen unterhalten, aber sie hatten nie Lust. Eines Nachts, als alles schlief, kam eine süße kleine Ente. Sie flog auf den Baum. Am nächsten Morgen sagte die Ente: „Guten Morgen!" Susi erwachte und sah die kleine Ente. Der Baum fragte: „Wer bist du?" „Ich bin Lisa", antwortete sie. „Und wer bist du?", fragte Lisa. „Ich bin Susi." Lisa fragte: „Kann ich bei dir wohnen?" „Na klar!", rief Susi. Von nun an waren sie zwei sehr gute Freunde.
Lisa, 8 Jahre

Organisatorische Hinweise

Zielgruppe: Klassen 3 und 4
Material: Schreibmaterial, eine feste Schreibunterlage (zum Beispiel eine Mappe oder ein großes Bilderbuch), Fantasiereise (siehe unten)
Zeit: 90 Minuten

Schreibanregung 4: Als ich einmal klein war…

Interessante Perspektiven ergeben sich, wenn sich die Kinder auf der Wiese auf den Bauch legen. Auf Höhe der Grashalme sieht die Welt ganz anders aus. Sie starren so lange auf den Boden, bis sich etwas bewegt. Alles wird aus der Nähe viel größer wahrgenommen. Grashalme werden zu Bäumen, Ameisen zu großen Raubtieren. Nun wird eine Fantasiereise über die Wiese unternommen.

Kleine Wiesenexpedition

Ihr liegt auf einer Wiese. Es ist warm, sonnig, ein paar vertrocknete Grashalme stacheln euch ein wenig. Die Sonne scheint auf euren Rücken, der Wind streichelt euer Gesicht. Ihr liegt da und betrachtet die Natur in ihrer vollkommenen Schönheit. Ihr fühlt euch gut. Vogelzwitschern. Die Blätter von Bäumen rauschen im Wind. Fern hört ihr Menschen reden, rufen und lachen. Doch ihr seid hier, auf der Wiese, und beginnt zu schrumpfen. Ihr werdet kleiner und kleiner, und dann seid ihr winzig klein, zwischen den Grashalmen. Ihr macht einen Spaziergang auf der Wiese – klein, wie ihr jetzt seid. Ihr wandert zwischen den Grasbüscheln, Blütenblätter hängen über euch in den Gipfeln des Rasens. Erdklumpen liegen wie Berge vor euch.
Plötzlich rennt euch eine Ameise über den Weg. Sie hält an, schaut euch an, als wollte sie euch etwas sagen. Doch dann schüttelt sie den Kopf und rennt weiter.
Dann fängt die Luft an zu vibrieren. Ein dröhnendes Summen umschwirrt euch und ein Schatten legt sich über das Stück Wiese. Doch genauso schnell, wie er gekommen ist, ist er auch wieder verschwunden. Es war eine Hummel, die zu einem Frühlingsausflug unterwegs ist.
Ihr geht weiter. Dabei betrachtet ihr eure Umgebung. Was die Grashalme wohl denken mögen? Was die Erdklumpen wohl schon erlebt haben? Was wollte euch die Ameise eben zeigen? Wohin war die Hummel unterwegs?
Während ihr nachdenkt, beginnt ihr wieder zu wachsen. Größer und größer erhebt ihr euch über die Wiese, und plötzlich liegt ihr wieder im Gras. Alles ist wie vorher, und ihr scheint kurz eingenickt zu sein. Doch dann schaut ihr nach unten und seht eine Ameise, die euch plötzlich zuzuwinken scheint. War das vielleicht doch kein Traum?

Die Kinder schreiben auf, was ihrer Meinung nach passieren würde, wenn sie einschliefen und im Schlaf schrumpften, sodass sie tatsächlich nur noch so groß wie eine Ameise wären.

 Beispiel

Wenn man ganz, ganz klein ist

Es ist gerade Sommer geworden. Ich liege auf der Wiese hinter unserem Haus und ruhe mich aus. Ich bin so müde, dass ich einschlafe. Aber als ich aufwache, ist alles ganz anders: überall stehen ganz dicht gedrängt grüne, dünne Bäume, die keine Zweige oder Blätter haben, und ich lieg auf der Erde, nicht mehr auf der Wiese hinter unserem Haus. Ich habe Angst, dass mich jemand zu diesem unbekannten Ort gebracht hat. Da merke ich, dass ich nur ganz, ganz klein geworden bin. Ich sehe eine Ameise, die jetzt genauso groß ist wie ich. Sie kommt auf mich zugelaufen, es kommt mir so vor, als ob sie mit mir reden will. Und wirklich, sie redet mit mir. Sie sagt etwas schüchtern: „Hallo, ich bin die Ameise Sabine, und wie heißt du?" „Ich heiße Paula. Kannst du mir vielleicht sagen, warum ich plötzlich klein geworden bin?", frage ich. Sabine antwortet: „Ja, komm mit, ich will es dir erzählen." Also gehe ich mit Sabine in einen Ameisenhaufen. Dort erzählt sie mir, warum ich so klein geworden bin: „Also", sagt sie, „ich bin nämlich ganz furchtbar allein und niemand mag mich. Mein Onkel ist Zauberer und da habe ich ihn gefragt, ob er mir einen Menschenfreund zaubert. Da hat er gesagt: ‚Na gut, aber du musst mir versprechen, dass du den Menschen wieder in seine Welt lässt, wenn er nicht dableiben will.' Ich versprach es und er hat dich klein gezaubert. Willst du hierbleiben?" Ich sage: „Nein, ich kann nicht hierbleiben, aber ich werde dich ab und zu mal besuchen. Immer wenn ich auf der Wiese liege, kann mich dein Onkel klein zaubern." Also verabschiedeten wir uns und Sabines Onkel zauberte mich wieder groß.
Saskia, 8 Jahre

Organisatorische Hinweise

Zielgruppe: Klassen 3 und 4
Material: Schreibmaterial, eine feste Schreibunterlage (zum Beispiel eine Mappe oder ein großes Bilderbuch)
Zeit: 45 Minuten
Bemerkungen: Bevor die Kinder zu schreiben beginnen, kann auch ein Stein oder ein Stück Holz herumgereicht werden. Die Kinder sehen, fühlen und riechen das Material. Wo lag der Stein? Zu welchem Baum gehörte der Zweig? Was er wohl erzählen würde? Die Kinder stimmen sich so auf das Schreiben ein.

Der Ort der Geschichten

Schreibanregung 5: Aus Sicht der Wiesendinge

Schließlich kann es auch Spaß machen, in die Rolle eines der Dinge der Wiese zu schlüpfen. Auch dafür kann die oben stehende Fantasiereise als Aufhänger verwendet werden. Im Anschluss suchen sich die Kinder einen Gegenstand von der Wiese aus. Was er wohl zu berichten hätte, wenn er erzählen könnte?

Beispiele

Der Frosch erzählt
Auch als Bewohner der Wiese habe ich manchmal Schwierigkeiten. Ich, ja ich bin ein kleiner grüner Grasfrosch und erzähle euch heute mein aufregendstes Erlebnis mit dem großen grünen Schwimmbecken.
Eines Tages hüpfte ich froh und munter übers weiche Gras, als plötzlich der Boden verschwand und ich in die Tiefe stürzte. Ich schrie vor Angst und weil ich spürte, dass ich unterging. Doch plötzlich zog sich ein Netz um mich und ich war nach Kurzem wieder auf festem Boden. Es waren die Nachbarskinder, die mich retteten. Sie ließen mich frei und ich hüpfte davon.
Julian, 10 Jahre

Was sagt ein Stein?
Ich liege auf der Wiese. Tag für Tag, Nacht für Nacht. Mir ist oft langweilig. Manchmal laufen Menschen über mich und das tut weh. Wenn ich Kinder lachen höre, werde ich glücklich.
Martha, 9 Jahre

Beobachtungen

Der Perspektivwechsel regt die Kinder zu erstaunlichen Gedankengängen an. Julians Froschrettung etwa verweist auf tatsächliche Probleme des Tierschutzes, die durch die veränderte Perspektive eindrücklich dargestellt werden. Die Kinder verlassen in der schreibenden Auseinandersetzung mit ihren Eindrücken und Fantasien die festen Grenzen des eigenen Blicks auf ihre Umwelt und nehmen die Welt aus den Blickwinkeln anderer wahr. Diese Formen der Selbstdistanzierung schaffen die Möglichkeit, eigene Standpunkte und Vorstellungen mit den Sichtweisen anderer zu kontrastieren und abzugleichen. Die Kinder nehmen damit auch sich selbst in den Blick und werden sich ihrer Eigenheiten im Kontext ihrer Umwelt mehr und mehr bewusst. Diese Prozesse der Selbstvergewisserung bezeichnet Kaspar H. Spinner als wichtige Grundlage für die Entwicklung von Ich-Identität.[25] An dieser Stelle wird deutlich, dass das kreative Schreiben neben positiven Auswirkungen auf die Entwicklung von Schreibkompetenzen auch nachhaltige Auswirkungen auf die Identitäts- und Persönlichkeitsentwicklung der Kinder haben kann. Die Texte selbst spiegeln die Gedankenwege der Kinder, die sich im Schreiben entwickelnd und von der Schrift beeinflusst in den Geschichten und Gedichten aufgeschrieben wurden.

II. Schreibszenarien. 21 Beispiele

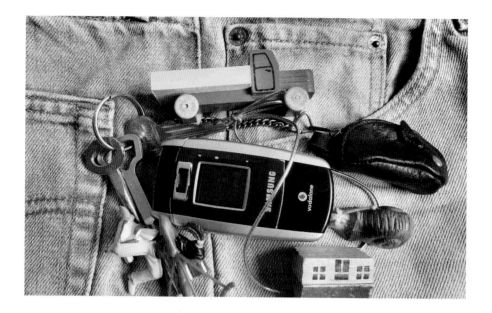

20. Geschichten in der Hosentasche

Thema und Intention

Alle Dinge der Welt haben ihre Geschichten, ihren Mythos, den zu entdecken sich lohnt: die Bäume, die Wolken, die Häuser, die Fahrräder, der Wind, der Stuhl, auf dem ich sitze, das kleine weiße Taschentuch … In den Dingen schlafen die Geschichten, die aufgeweckt werden wollen. Wachmachen kann sie jedes Kind, wenn es darin ermutigt wird, seinen Wahrnehmungen und Erfindungen zu vertrauen. Die Zauberwörter, die es dazu braucht, hat es im eigenen Kopf. Es muss sie nur herausholen und nutzen, dann kann die Geschichte auch zu „singen" beginnen:

> *Joseph von Eichendorff: Wünschelrute*
>
> *Schläft ein Lied in allen Dingen*
> *Die da träumen fort und fort*
> *Und die Welt hebt an zu singen*
> *Triffst du nur das Zauberwort*

Das Sichtbare, Hörbare, Fassbare der realen Welt, zu der sich das Kind sprachlich artikulierend verhält, ist der Boden, von dem aus es in die Welt der Fantasie aufbricht. Hier beginnt das Abenteuer Sprache.

Neben dem konkret Fassbaren gibt es immer auch das zu Erinnernde, das jeden Menschen genauso stark und manchmal noch stärker beschäftigt. Hier sind die Träume, die Ängste, die Vorstellungen, die Sehnsüchte zu Hause, die zur menschlichen Existenz gehören. Aus der Verbindung zwischen beiden – dem Realen und dem Fiktiven – auf der dünnen Grenzlinie zwischen Bewusstem und Unbewusstem entstehen die Geschichten.

Einstieg

Die Kinder werden gebeten, mit den Händen in ihre Hosen- oder Rocktasche zu fassen. Immer verbergen sich darin kleine Gegenstände, die aufbewahrt, gesammelt, gefunden und dann mitgenommen worden sind. Die anderen Kinder können nicht sehen, was die eigene Hand ertastet. Aber die Dinge sind real da.

Jetzt beginnt das Erfinderspiel: Wir geben den Dinge eine Stimme und machen sie lebendig. Das schöne alte Ratespiel geht so: „Meine Hand sieht etwas, was du nicht siehst. Es ist weich und dünn und versteckt sich in meiner Hand ..." Was ist es?

Der Name des Dinges, dessen Eigenschaften ich möglichst genau beschreibe, muss geraten werden. Wahrnehmung wird zur Benennung und artikuliert sich zunächst in einem ersten Satz: „In meiner Hand ist ein Taschentuch."

Organisatorische Hinweise

Zielgruppe: besonders Klassen 1 und 2
Material: Schreibmaterialien, Buntstifte
Zeit: mindestens 60 Minuten
Bemerkungen: Das Schreibspiel eignet sich sehr gut auch als mündliches Erzählspiel und bietet generell eine gute Vorbereitung für Schreibwerkstätten.

Schreibanregung

Der nächste Schritt überschreitet die Schwelle von der Realität zur Fantasie. Jetzt gehen wir ins Geschichtenland.

Das Taschentuch, das ertastet und zum Rätselgegenstand gemacht wurde, will in einer Geschichte mitspielen. Jetzt mache ich den Gegenstand zum Helden oder zur Heldin eines Geschehens! Also denke ich über ihn nach und versuche, ob ich ihm eine erzählenswerte Geschichte entlocken kann. Ist es ein etwas verheultes Taschentuch? Hat es etwas Trauriges erlebt? Oder ist es bloß verschnupft? Worüber? Was ist geschehen?

Vielleicht ist in der Hosentasche aber auch ein angebissener Radiergummi oder ein kleines Spielzeugauto. Auch sie können zu Helden einer Geschichte aufsteigen. Um den Erzählfaden zu spinnen, suche ich aus dem Raum, in dem ich mich gerade befinde, einen zweiten Gegenstand. Er muss ganz anders als der erste Gegenstand sein. Solche gegensätzliche Begriffe könnten sein:

II. Schreibszenarien. 21 Beispiele

Radiergummi – Wasserhahn
Taschentuch – Himmel
Gummiband – Hund

Aus einer solchen Irritation der gegensätzlichen Begriffe können Geschichten entstehen.

Beispiele

Es war einmal ein Brausebonbon, das in meiner Hosentasche lebte. Es schmeckte nach Orange. Da kam ein anderes Bonbon, das nach Himbeere schmeckte und sagte: „Geh aus der Hosentasche!" Da sagte das Orangenbonbon: „Geh du doch weg!" Da erschrak das Himbeerbonbon und sagte: „Hilfe, ich gehe ja schon." Da lebte das Orangengeschmackbonbon glücklich bis an sein Lebensende. Und das Himbeerbonbon tauchte nie wieder auf.
Winifred, 8 Jahre

Hosentaschengeschichte
Es war einmal eine Essensmarke, die lebte in einer Hosentasche. Da kam der große Füller. Und eines schönen Tages passierte etwas. Der große Füller verwandelte sich in einen großen Riesen. Und dann platzte das Haus und der Riese mit. Da musste sich die Essensmarke ein neues Haus kaufen. Und damit endet die Geschichte.
Marielena, 8 Jahre

Figuren aus der Federtasche als Helden einer Geschichte

Der Ort der Geschichten

21. Geschichtenhäuser

Intention

Eine der ersten symbolischen Darstellungen, die Kinder kennenlernen und an denen sie sich selbst versuchen, ist ein Haus. Ein Haus, ein Baum, eine Sonne, ein Mond, ein Mensch oder mehrere, das wird gekritzelt, gemalt, benannt und stolz hergezeigt.

Wenn ein Haus gemalt wird, so bekommt es Fenster, eine Tür, ein Dach und vielleicht noch einen Schornstein. Im nachfolgenden Schreibspiel – das ganz besonders für Kinder im 1. und 2. Schuljahr gedacht ist – wird ein Haus nicht nur zum Ort, an dem die Geschichte spielt, sondern wird als schön gestaltete Buchform auch zugleich die Hülle, die die Geschichte aufnehmen soll. Die Geschichte spielt in einem Haus, und sie wird auch in ein richtiges kleines Haus hineingeschrieben. Legt man dann die Buchhäuser der Kinder einer ganzen Klasse nebeneinander, so entsteht eine Straße aus Häusern. Oder, wenn man so will, auch ein kleines Dorf mit Geschichten!

Und obwohl sich die Häuser in ihrer Machart ähneln, ist doch jedes Häuschen ein klein wenig anders. Manchmal ist noch ein Briefkasten an die Hauswand gemalt, ein Klingelknopf gezeichnet, eine Hecke rankt sich an der Hauswand hinauf und hinter einer Gardine steht auf dem Fensterbrett ein Blumentopf. In den liebevoll gestalteten Details wird die Individualität der Kinder sichtbar, die malend und gestaltend nach einem Ausdruck suchen.

II. Schreibszenarien. 21 Beispiele

Einstieg

Das Schreibspiel beginnt nicht mit dem Schreiben einer Geschichte, sondern mit dem Malen und Gestalten der Buchform. Das ermöglicht den Kindern, sich langsam auf die Situation einzulassen und eine Erzählstimmung aufzubauen. Das Malen und Gestalten der Buchform ist für die meisten Kinder eine reizvolle Tätigkeit. Sie soll und muss ausgekostet werden!

Zum Bauen der Buchform braucht man für jedes Kind einen aus einem längs geteilten DIN-A4-großen Bogen Zeichenkarton hergestellten Streifen. Der Streifen wird so gefaltet, dass ein Aufklappbuch entsteht. Mit der Schere wird die Dachspitze geschnitten, fertig ist die Grundform Haus. Ist das Haus da, kann die Erfindung der Geschichte beginnen.

Organisatorische Hinweise

Zielgruppe: besonders Klassen 1 und 2
Material: Papierstreifen aus farbigem oder weißem Zeichenkarton DIN A4 (längs geteilt halbiert für das Herstellen der kleinen Hausbücher), Buntstifte, Scheren
Zeit: 45–90 Minuten
Bemerkungen: Das Thema bietet sich auch für fächerübergreifende Projekte mit Sachunterricht und Kunst an. Es gibt sehr schöne Sachbücher zum Thema Haus/Wohnen/Bauen, die einbezogen werden können. Auf ein „Hausbuch zum Hinstellen" (aus großen Kartons von Haushaltsgeräten) können die Texte und Bilder mehrerer Kinder geklebt werden.

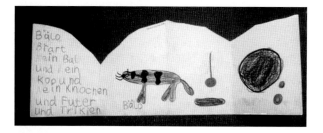

Schreibanregung

Zunächst werden die Personen erfunden, die in dem Haus wohnen sollen. Das kann eine menschliche Person sein – ein Mädchen, ein Junge, ein Mann, eine Frau, eine ganze Familie. Das kann aber auch ein Tier sein. Die Verwendung von Tierfiguren ist den Kindern vertraut, sie kennen sie aus Märchen und Geschichten und aus vielen Erzählungen. Es ist sinnvoll, mit dem Lieblingstier des Kindes zu beginnen, das nun in sein Haus einziehen kann. Zur Probe wird schon mal ein erster Satz versucht, der dann heißen kann:

Der Ort der Geschichten

Es war einmal ein Haus, da wohnte eine Maus …
Es war einmal ein Haus, da wohnte ein alter Löwe …
Es war einmal ein Haus, da wohnte der Elefant …

Für die Kinder höchst vergnüglich kann es aber auch sein, wenn statt der Menschen oder Tiere ein personifizierter Gegenstand in dem Haus wohnt:

Es war einmal ein Haus, in dem wohnte niemand mehr, nur noch ein altes Bügelbrett …
Es war einmal ein Haus, in dem wohnte seit vielen, vielen Jahren eine sehr nette blaue Kaffeekanne mit weißen Punkten …

Der so gefundene erste Satz macht den Anfang der Geschichte. Der „Held" der Geschichte – ein Mensch, ein Tier oder ein Ding – ist also da. Was passiert nun weiter? Eine ungewöhnliche Situation, ein Notfall, ein besonderes Ereignis muss konstruiert werden, damit der Held handelt und sich also ein Geschehen aufbaut. Was könnte das sein?

Eines Tages klopfte es an der Tür. Ein … stand davor und sagte …

Beobachtung
Ein spielerischer Zugang zu möglichen anderen Geschichten, die in einem Haus gefunden werden können, ergibt sich, wenn man zunächst alle Räumlichkeiten eines

Hauses, vom Keller bis hinauf zum Dachboden daraufhin untersucht, welche Arten von Geschichten in ihnen versteckt sein könnten. Das gemeinsame Spiel heißt also herauszufinden, wie viele verschiedene Geschichten in einem Haus wohnen können, und dann anzufangen, diese möglichen Geschichten aufzuschreiben.

Welche Geschichten wohnen im Haus?
Im Keller: Tiefe, dunkle Kellertreppengeschichten – Kohlenkellergeschichten – Mäusegeschichten – Kellergespenstergeschichten
In der Küche: Geschichten im Küchenschrank – Geschichten im Messer- und Gabelfach – Teekannengeschichten – Nudelgeschichten – Mehl- und Zuckermärchen – Mikrowellenmärchen
Auf dem Balkon: Luftige Balkongeschichten – Blumenmärchen – Liegestuhlgeschichten
Im Wohnzimmer: Geschichten, versteckt im Bücherregal – Lampengeschichten – Geschichten im Schaukelstuhl – Geschichten in der Wanduhr – Kamingeschichten – Geschichten unterm Teppichboden – Reisen auf dem Tisch und unter dem Tisch – Geschichten aus dem Bild – Geschichten im Schrank
Geschichten im Badezimmer: Seifenmärchen – Spiegelgeschichten – tropfende Geschichten – Reisen in der Badewanne – lange Handtüchergeschichten
Schlafzimmer: Träume – Nachtgeschichten – Geschichten unterm Kopfkissen
Haushaltmärchen: vom Staubsauger – von der reitenden Waschmaschine – vom Radio, das die Sprache verloren hat – vom Fernseher, dem die Bilder verloren gingen

 Beispiele

Die kleine Made im Apfel
Es war einmal eine Made, die wohnte in einem Apfel. Eines Tages kam eine Ameise zu Besuch. Sie fragte, ob sie nicht bei ihr wohnen könne. Die Made sagte: „Na klar." Und die Ameise zog ein, und von diesem Tag ab wurden sie Freunde und lebten glücklich zusammen in Frieden.
Marie, 7 Jahre

Die Maus
Es war einmal eine kleine Maus. Am liebsten hopste sie mit ihrem Regenschirm von ihrem Baumhaus. Eines Tages kam ein Marsmensch zu Besuch. Der Marsmensch brachte einen neuen Regenschirm mit. Da hüpfte die Maus vom Baumhaus, und wenn sie nicht gestorben sind, dann springt sie noch heute.
Robin, 7 Jahre

Die Maus im Haus
Es war einmal eine Maus. Sie wohnte in einem Loch in der Wand. Sie hatte allerlei Sachen: eine Gürtelschnalle, eine Münze, einen Nagel, ein Lasso, das schönste war ihr Käse. Aber in dem Haus wohnte auch eine Katze. Und die Katze jagte die Maus immer.
Philipp Hermann, 8 Jahre

III. Kindertexte lesen.
Ein neuer Blick auf die freien Texte der Kinder

III. Kindertexte lesen. Ein neuer Blick auf die freien Texte der Kinder

Kinder schreiben, das ist eine Binsenweisheit, zum größten Teil in der Schule. Die Schule hat die Aufgabe, Kindern die existenziell wichtigen Kulturtechniken Lesen und Schreiben beizubringen, und deshalb wird seit jeher in der Schule sehr viel geschrieben. Was ist das für ein Schreiben und was geschieht mit den Texten, die dabei entstehen? Diktate, Kontrollarbeiten, Mitschriften, Abschriften und so weiter sind Textformen, die vorzugsweise der Übung dienen und mit keiner, jedenfalls nicht mit kindlicher Stimme sprechen. In der Regel schreiben hier die Kinder nicht etwas auf, sondern sie schreiben ab. Sie schreiben einen fremden Text – nicht ihren eigenen.

Auch die Aufsätze, in denen sich kindliche Stimmen doch artikulieren könnten, sind in der Regel vom Thema her fremdbestimmt. Sie werden um einer möglichst guten Zensur willen geschrieben und nach ihrer Fertigstellung korrigiert, zensiert, von den Eltern unterschrieben, danach noch einmal kontrolliert – und dann werden sie vergessen und mit dem Müll eines zu Ende gehenden Schuljahres entsorgt.

In dem vorliegenden Buch wurde ein anderer Zugang zum Schreiben für Kinder vorgeschlagen. Kinder sollen nicht einfach nur Texte schreiben, sie sollen eigene Texte konzipieren und (schrift-)sprachlich realisieren. Ausgehend von einem Spiel mit der Sprache, mit ihren Formen und Klängen, ihren Regel- und Unregelmäßigkeiten, mit ihren vielen kleinen Eigenartigkeiten, die nachdenklich machen und die Neugier entfachen, können Kinder zu Sprachbaumeistern werden. Im tastenden Ergründen und experimentierenden Erproben der Sprache können Kinder die Erfahrung machen, dass das Schreiben nicht nur Kulturtechnik, sondern Teil einer Schriftkultur ist, die auch sie selbst und ihre Vorstellungen, Hoffnungen, Träume und Ängste miteinschließt. So genügen die Kinder nicht nur formalen Kriterien der Schriftsprachbenutzung, sondern finden in der Sprache einen Zugang zu den unendlichen Räumen ihrer Fantasie. Sie können das Schreiben dafür nutzen, persönlichen Vorstellungen eine Form zu geben, ihnen in einer gegenständlichen Form entgegenzutreten und damit immer auch sich selbst ganz neu zu erleben. Schreiben wird auf diesem Weg zu einer gesteigerten Form der Selbstwahrnehmung, ja sogar der Selbsterkenntnis auf literarästhetischen Wegen – und das bereits am Beginn des Schreibenlernens!

Mit diesem Anliegen, dieser Grundaussage, steht dieses Buch natürlich nicht allein da. Seit über hundert Jahren wird unter den Deutschdidaktikern erbittert um das Anliegen und die Form des Schulaufsatzes und den Umgang damit gestritten. Schon 1909 forderte zum Beispiel der Bremer Volksschullehrer Fritz Gansberg eine Reform dieser todlangweiligen Stilübungen, mit denen Kinder traktiert werden. Er und seine Kollegen der Aufsatzreformbewegung sahen in den Texten der Kinder durchaus weit mehr als nur das Vehikel für Schreiblernprozesse:

> *„So können wir lesen und lesen, jedes Blatt ein kleines ausgeprägtes Persönchen – das Ganze aber ein großer Streifzug durch die Welt der Kinder, ein tiefer Einblick in die Natur des kindlichen Geistes."* [26]

Was Fritz Gansberg hier vor mittlerweile mehr als einem Jahrhundert formulierte, hat sich immer wieder im Umgang mit schreibenden Kindern bestätigt. Kindertexte sind mehr als nur die Schreibübungen von Kindern. Es sind komplexe Selbstzeugnisse von Kindheit, die unter unterschiedlichsten Gesichtspunkten vorsichtige Einblicke in das Denk- und Seelenleben von Kindern erlauben. Dennoch tendiert der Schreibunterricht in der Schule nach wie vor dazu, das Schreiben an allgemeingültigen, intersubjektiven und scheinobjektiven Normen zu messen. Sicherlich steckt darin ja auch ein Anspruch, der mit dem Bildungsauftrag der Schule zusammenhängt. Spätestens aber die Zensierung von Texten und die damit einhergehende Notwendigkeit, die von unterschiedlichsten Faktoren abhängigen und höchst sensiblen Leistungen der Kinder auf die numerische Stufe einer eindimensionalen Leistungsskala zu reduzieren, führen nachdrücklich vor Augen, dass hier den Leistungen der Kinder nicht gerecht zu werden ist.

Statt der Reduktion der Kinderleistungen auf nur scheinbar eindeutige Kategorien von „richtig" und „falsch", „gut" und „noch entwicklungsbedürftig" brauchen Kinder Rückmeldungen zu ihren Texten, denen ein sensibler Blick aufmerksamer Leserinnen und Leser vorangegangen ist. Dieser Blick sollte nach den Stärken der kindlichen Schreibprozesse Ausschau halten; nach dem Einzigartigen, das die Kinder in ihre Texte eingebracht haben. Nicht alles, was in Kindertexten entdeckt werden kann, sollte an die Kinder zurückgemeldet werden. Vieles bleibt hypothetisch oder lässt sich nur erahnen. Doch die Entdeckung der vielfältigen Einflüsse und Dimensionen der Texte legt die Grundlage für einen verständnisvollen Umgang mit den Texten, der dem Kind auch Lernchancen aufzeigen will, ohne es aber unzulässig und wenig lernförderlich an abstrakten Normen – die gerade für die scheiternden Kinder zumeist noch nicht einmal nachvollziehbar sind – zu (ver-)messen.

Es gilt also eine neue Kultur des Lesens von Kindertexten zu entwickeln, um das Schreiben nicht nur als Tätigkeit zu reformieren, sondern das gesamte Umfeld der Schreibdidaktik an diesem prägenden Maßstab einer „Schreibdidaktik vom Kinde aus" zu orientieren. Abschließend sollen an dieser Stelle daher Beispiele stehen, wie Kindertexte gelesen werden können. Was in ihnen entdeckt werden kann, wenn nicht die Rechtschreibung und die Grammatik dominierende Kriterien der Beurteilung bleiben, sondern den Stimmen der Kinder gelauscht wird und der Blick der erwachsenen Leser „auf Entdeckungen gepolt"[26] wird, soll auf den letzten Seiten dieses Buches gezeigt werden.

Acht Lesarten zu acht verschiedenen Kindertexten

Während einer Schreibwerkstatt, die am Ufer eines Sees stattfand, spielten wir ein Wörterspiel, das darin bestand, Wörter von jetzt und hier einzusammeln, die den Schreibenden besonders wichtig erschienen. Der zwölfjährige Tim schrieb sich die Wörter *Wind* und *Wasser* auf. Aus diesen beiden ihm besonders wichtigen Wörtern schrieb er zwei Buchstaben-Gedichte (so könnte man die alte Form des Akrostichons auch umschreiben).

Wind und Wasser

W ellen schlagen ans Ufer
I m Wasser hört man einen Hund bellen
N iemand weiß, wo er ist
D er Hund hört die Ente und schwimmt zu ihr hin.

W o sind die Enten
A ber die Enten bleiben
S chon kommt ein Hund
S eht, da, der Hund
E s dauert
R ennt lange nach Hause.
Tim, 12 Jahre

Tim hatte noch nie vorher Gedichte geschrieben. An diesem Tag entdeckte Tim, dass die Wörter ihm gehorchten und dass er etwas Neues damit machen konnte. Er probierte die Form des Akrostichons aus, die ihm gezeigt worden war. Er probierte aus, wie er diese Form mit seinen Wörtern füllen konnte, und die Wörter waren solche, die seine eben gemachten Erfahrungen transportierten.

Die Wörter drückten aus, was Tim gesehen und erlebt hat: er hatte lange am Ufer gesessen und auf das Wasser gesehen. Er hatte beobachtet, wie die Wellen ans Ufer schlugen. Wind kam auf, die Wellen wurden kräftiger. Auf dem Wasser trieb eine Ente. Und da, wie sonderbar, hat er einen Hund gehört. Ob es diesen Hund wirklich gegeben hat oder ob er nur in der Vorstellung von Tim aufgetaucht ist, muss offenbleiben. Tatsache ist, dass Tim in seinem Gedicht einen Hund erschaffen hat, der im Wasser bellt. Ist der Hund in Not? Tim lässt den Hund zu der Ente schwimmen. Die Ente, das alte Wassertier, kann ihm vielleicht helfen. Rettung wird erhofft. Ob sie gelingt?

Im zweiten Gedicht wendet sich Tim ganz den Enten zu, die auf dem See schwimmen. Dort gehören sie hin, das ist ihr Element. Aber wo sind sie? Schon kommt der Hund! Tim richtet den Blick des Lesenden auf den Hund: „Seht, da, der Hund". Die Geste erscheint flehentlich. Es dauert so lange, bis einer es bemerkt. Es dauert so lange, bis Hilfe kommt. „Rennt lange nach Hause", heißt es in der Schlusszeile. Wer, der Hund? Wahrscheinlich.

Und wir, die Leser, glauben zu sehen, wie der nasse Hund sein Fell schüttelt, wie er versucht, wieder trocken zu werden, sich zu erwärmen. Der Weg nach Hause ist lang. Nach Hause: das verspricht Geborgenheit, Schutz. Die Gefahr ist vorbei.

Zwei Gedichte, die aufeinander verweisen in einem dramatischen Geschehen und deren Ausgangspunkte *Wind* und *Wasser* sind und natürlich Tim, der ihnen begegnet war. Er hat den Mut gehabt, seinem Nachdenken und seinen Vorstellungen darüber eine sprachliche Form zu geben. Das macht er auch deshalb, weil es Menschen gegeben hat, die ihm Zutrauen in diese Art von Tätigkeit gegeben haben. Er hat die Formel gebraucht, die ihm in der poetischen Form des Akrostichons gezeigt worden war. Zwei erste, eigene Gedichte entstanden.

Wir lesen sie und werden an den See geführt und in den Wind und glaube auch, einen Hund im Wasser zu sehen. Wie geht das? Können die Wörter zaubern, wie Eichendorff in seinem Vierzeiler *Schläft ein Lied in allen Dingen* (siehe S. 124) nahelegt?

Nein, die Wörter an sich haben keine Zaubermacht. Die Menschen, die die Wörter gebrauchen, ein Lied aus ihnen bilden und es anstimmen, damit es gehört werden kann – die sind die Zaubermeister. Das Lied schläft noch immer in den Dingen. Es kann gar nicht verstummen, solange es Wörter gibt und Menschen, die neugierig darauf sind, die Wörter zu erproben.

· · · · · · · · · · · · · · · · · · · ·

Ich

Ich esse ein trockenes Brötchen.
Ich gucke Löcher in die Luft.
Ich weiß nicht, was ich schreiben soll.
Ich schaue ins Wasser, in die Wiesen
wo die Kühe weiden.
Ich schaue die Waldränder an
die in der Ferne mich anschauen.
Ich habe einen Fisch im Wasser gesehen.
Er sprang dreimal hoch.
Doch dann ist er verschwunden.

Ich schaue die Berge an
wie sie so leer dastehen.
Nur die Wiesen und Bäume sind bei ihnen
und noch mehr Hügel stehen da.
Keiner gleicht dem anderen.

Ich blicke mich um
wie die anderen Kinder nachdenken
und grübeln.
Ich wusste nicht, was ich schreiben sollte.
Aber am Ende
kam eine volle Seite raus.
Juliane, 12 Jahre

III. Kindertexte lesen. Ein neuer Blick auf die freien Texte der Kinder

Hier beschreibt eine Zwölfjährige ihren ganz persönlichen Schreibakt, der gleichzeitig eingebettet erscheint in einen gemeinschaftlichen Schreibprozess. Kinder, an einem Flussufer oder an einem See, im Sommer, Papier und Stifte auf den Knien, die Welt und sich selbst betrachtend, sie beschreibend, in eine sprachliche Form bringend. Ein Gedicht entsteht vor unseren Augen. Wir verfolgen im Gedicht selbst, wie es zustande kommt.

Erst sitzt die Schreiberin nur so da, kaut ein trockenes Brötchen, starrt Löcher in die Luft, blickt sich um, sieht die Dinge der Umgebung an: das Wasser, die Wiesen, die Waldränder, schließlich – wie seltsam – sogar den Fisch im Wasser, der dreimal hochspringt, dann ist er verschwunden. Sie sieht die Dinge der Welt an und die Dinge der Welt, erklärt sie wie selbstverständlich, sehen sie an. Schließlich nennt die Schreiberin die anderen Kinder neben sich. Sie tun, was sie auch tut; nachsinnen, grübeln, aufschreiben. Und plötzlich, so endet das Gedicht, ist es da, eine ganze Seite Aufgeschriebenes: ein richtiges Gedicht!

Schreiben, so ist hier lesbar, ist eine Tätigkeit, die große Wertschätzung erfährt. Es ist etwas Besonderes, wird von mehreren Kindern gleichzeitig ausprobiert und endet erfolgreich. Anfänglich hatte Juliane dieses Zutrauen in das Hervorbringen eines eigenen Textes nicht. Sie sagt, sie wusste nicht, was sie schreiben sollte. Aber die Welt um sie herum, die sie mit ihren Augen ansah, mit ihren Ohren hörte, mit ihren fünf Sinnen wahrnahm, bot ihr das Material für ihren zu schreibenden Text. Die Gemeinschaft der Schreibenden, die sich gleichzeitig der gleichen Anstrengung unterzogen, ermutigte sie dabei. Die Wahrnehmung der Welt mündete im Benennen des Erfahrenen, in der Artikulation des Erlebten und wurde auf das anfänglich leere, weiße Papier gebracht.

Das Staunen des Kindes über diesen so noch nie erlebten Vorgang hat ihre in Worte gefasste und in Schriftform gebrachte Spur gefunden. Der Moment, in dem die schreibenden Kinder an jenem Sommertag am Fluss- oder Seeufer sitzend Gedichte schrieben, ist für Juliane – und für die Leser ihres Gedichts – für immer aufbewahrt.

○○○○○○○○○○○○○○○○○○

Der Hund

Nachts lag der Hund
vor dem Fenster
und knurrte vor sich hin.
Er dachte,
dass er nicht mehr geliebt wird.
Katharina, 8 Jahre

So ein kleiner Text. Fünf Zeilen lang. Ein Hund liegt am Fenster und knurrt vor sich hin. Das Kind Katharina glaubt, dass er knurrt, weil er nicht mehr geliebt wird. Sie scheint das Gefühl der Verlassenheit zu kennen, sie weiß offenbar, wie weh das tut. Sie sagt aber nicht: *Ich bin traurig, ich glaube, mich will keiner.* Ihr lyrisches Ich zeigt uns einen Hund im Fenster. Und mir geht das Bild nicht mehr aus dem Kopf, weil ich es natürlich auch wiedererkenne. In diesem Gefühl treffen wir uns. Die erwachsene Leserin, das schreibende Kind.

Katharina hat es geschafft, eine „Flaschenpost ins Meer der Zeit" zu werfen, die ich, die spätere Leserin, gefunden habe. Verse als Flaschenpost für zukünftige Leser: dieses schöne Bild stammt von Ossip Mandelstam, der damit das Verhältnis des Dichters zu seinem „Gesprächspartner", dem Leser, zu fassen versucht und der sagt, solch eine Flaschenpost werde immer zufällig gefunden.[28]

Katharinas Verse habe ich auch zufällig gefunden, in den Einsendungen eines Schreibwettbewerbes. Ich weiß nichts über seine Entstehung, nichts über Katharina, ich habe nur diese fünf Zeilen mit den zwanzig Wörtern, die so geformt sind, dass sie mich anrühren.

* * * * * * * * * * * * * * * * * *

Warum der Himmel blau ist

Warum ist eigentlich der Himmel blau?
Vor etwa 70000000000000000000 Jahren war der Himmel rosa: Weshalb rosa?
Nun, weil es eben sehr modern war. Deshalb war der Himmel auch sehr eingebildet.
Er rief von früh bis spät: „Ich bin der schönste von allen!" Der Mond war darüber sehr böse.
Er sagte zum Himmel: „Himmel, du warst für uns ein guter Freund, aber seitdem du rosa bist, bist du sehr eingebildet, deshalb verachten dich die anderen. Du sollst die Farbe blau erhalten."
Und so wurde es dann auch. Wenn ihr seht, dass der Himmel grau ist, so wisst ihr jetzt, dass er wütend ist. Wenn es regnet, dann weint der einst rosarote Himmel. Das ist die wahre Geschichte vom Himmel. Mehr weiß ich auch nicht.
Thekla, 8 Jahre

Die Geschichte der achtjährigen Thekla über den Himmel hat zwei Seiten: Einmal die Schreibbiografie der kindlichen Autorin, über die wir nichts wissen und zu der wir nichts sagen können, ohne dass wir spekulieren müssten. Zum konkreten Schreibimpuls und den Bedingungen des Schreibspielraums, in dem Theklas kleine Geschichte entstand, kann ich etwas beitragen. Die Kontexte des Schreibens zu erhellen ist ein wichtiger Schritt hin zum Schaffen förderlicher Bedingungen für Kinder, die in pädagogischen Räumen in die Schriftkultur hineinwachsen sollen.

Die Geschichte von Thekla beginnt an einem Donnerstagnachmittag in einem Zimmer, an einem großen Tisch, um den herum vielleicht 12 bis 15 Kinder zwischen 8 und 14 Jahren während einer Schreibwerkstatt sitzen.

III. Kindertexte lesen. Ein neuer Blick auf die freien Texte der Kinder

An diesem Nachmittag haben wir etwas auf den Tisch gelegt, das die Kinder neugierig betrachten. Auf dem Tisch sitzt eine kleine, dünne, seltsam verdrehte hölzerne Figur, halb Mensch, halb Tier. Es ist eine afrikanische Holzfigur, vielleicht ein Spielzeug, vielleicht kultischen Handlungen dienend. Wir haben die Figur ausgesucht, weil sie fremd und interessant erscheint und den *Übergang symbolisieren* kann von der wirklichen in die wunderbare, die fiktive Welt der zu schreibenden Geschichten.

Mit der Inszenierung dieses Übergangs bestimmen wir wesentlich die Atmosphäre, in der die Schreibhandlung verläuft. Gelingt es, sie so zu arrangieren, dass die kindliche Neugier, die spontane Lust am Entdecken, Erfragen, Erkunden, Gestalten entfacht wird, die Kinder sich nicht unterfordert fühlen, ist Entscheidendes vorbereitet. Die Schwelle ins Schreibland zu überschreiten ist immer wieder ein Risiko. Dennoch ist der Prozess planbar, und das beginnt zum Beispiel bei der Überlegung, mit welcher Symbolisierung wir den Übergang von der Alltagswirklichkeit in die Welt der Fantasie arrangieren. Diese Symbolisierungen haben in etwa die Funktion von „Übergangsobjekten" im Sinne der von Winnicott in seiner Schrift *Vom Spiel zur Kreativität* definierten Weise.[29] Wir schaffen einen sinnlich fassbaren, materialisierten Übergang zwischen Außen- und Innenwelt und konkretisieren damit die Schwelle in den Raum der Imagination.

In der Inszenierung ist es die hölzerne Figur des Warumfragers, und sie löst zunächst eine Irritation aus. *Warum* sitzt die Figur dort?, fragt Katharina.

Sie will mitmachen, lautet die Antwort.

Will sie auch schreiben?, fragt ein anderes Kind.

Sie will fragen. Es ist der alte *Warumfrager*.

Die Warum-Frage kennen die Kinder gut, es ist die Frage, mit der sie ihre Eltern oft genervt haben. Warum ist der Himmel oben und die Erde unten? Warum fällt Regen? Warum ist die Nacht schwarz?

Die Warum-Frage eröffnet spannende Untersuchungen zur Bauweise der Welt, ihren innersten Zusammenhängen, dem Grund ihres Seins, nach der Herkunft der Dinge, nach der Art und Weise ihrer Existenz. Es sind philosophische Fragestellungen, deren Bedeutung für die Entwicklung des kindlichen Intellekts unbestritten ist. Aber würden sie auch das Erzählen auf den Weg bringen?

Wir personifizierten die vertraute Kinderfrage. In der Gestalt der hölzernen Warumfrager-Figur konnte man sie plötzlich in die Hand nehmen, berühren, betasten, sie hatte einen sinnlich wahrnehmbaren Körper bekommen und war nicht mehr nur eine philosophische Denkoperation hinter der Stirn.

Thekla, 8 Jahre alt, wusste sofort eine Frage: Warum ist der Himmel eigentlich blau?, fragte sie. Der hölzerne Warumfrager auf dem Tisch schien mit den Augen zu zwinkern. Gute Frage!, schien er zu sagen, gut ausgedacht, lohnt sich zu beantworten!

Thekla beugte sich über ihr Papier und begann zu schreiben.

Uns fällt an ihrem Text besonders die Kindlichkeit mancher Wendungen und Formulierungen auf, die aus der Kindlichkeit des Blicks rühren, mit dem dieses Geschehen artikuliert wird. Thekla hat offenbar große Freude daran, das Dargestellte durch Übertreibung zu steigern. Der genannte Zeitraum, an dem der beschriebene Vorgang seinen Ausgangspunkt nahm, wird mit sehr vielen Nullen hinter der Zahl Sieben ausgedrückt. Darin liegt kindliches Staunen über diesen wirklich erzählenswerten Fakt. Der nachfolgende Dialog zwischen Himmel und Mond mutet wie die Passage aus einem schon einmal gehörten Märchen an. Der Himmel ist eingebildet, sein Verhalten erscheint dem Mond unangemessen und er rügt und bestraft den Himmel dafür. Die Strafe ist unumkehrbar und sie, die Erzählerin, weiß darum und tut das kund. Sie erzählt es als die „wahre Geschichte", die sie nun ihren imaginierten Zuhörern berichten kann.

Der letzte Satz klingt fast wie eine Entschuldigung: Mehr weiß sie nicht und mehr kann sie dazu auch nicht sagen. Aber vielleicht ist es auch nur die Bekräftigung des Wahrheitsgehaltes, den sie dem von ihr Erzählten beimisst. Wir entdecken darin eine bei kindlichen Erzählern oft zu beobachtende Ausdrucksweise. Sie müssen sich oft verteidigen und ihre Glaubwürdigkeit behaupten, solange sie „noch Kinder" sind.

* * *

Die kleine Nachtfee

Es war einmal ein dunkler Wald. Dort, wo er am dunkelsten war, stand ein Haus. Jeden Abend öffnete sich die Tür und die Nachtfee verteilte die Nacht über das Land. Dann ritt sie auf Sternentänzer, dem Sterneneinhorn, aus. Das macht sie heute noch.
Isabelle, 8 Jahre

Isabelle geht es in ihrer Geschichte anscheinend um die Klärung der Frage, wie das Verschwinden des Lichts oder in ihrem Fall besser das Aufkommen der Dunkelheit in einem verständlichen Sinnzusammenhang zu beschreiben ist. Sie hält sich dabei nicht an physikalische oder astronomische Erklärungsmuster. Die Frage der Erdrotation spielt bei ihr keine Rolle; nicht einmal die Sonne oder der Mond werden in den Rahmen ihres Deutungsmusters einbezogen. Das Märchen als sprachlich-literarische Form, das mit seiner figurativen Logik und seinen analogischen Verständnismustern einen produktiven Rahmen für die kreative Gestaltung bietet, gibt ihr die Bilder und Funktionen an die Hand, die sie benötigt, um einen eigenen, durchaus schlüssigen Deutungsrahmen zu schaffen. Im Spiel mit Worten und Bedeutungen entwirft Isabelle schreibend ein Szenario der Möglichkeiten. Für relativ abstrakte Zusammenhänge schafft sie einen konkreten Handlungsrahmen. Im Wechselspiel von Möglichkeit und Wirklichkeit entwirft Isabelle ein beziehungsweise ihr Bild der Welt.

* * *

III. Kindertexte lesen. Ein neuer Blick auf die freien Texte der Kinder

Das weißblau springende Huhn

Das weißblau springende Huhn,
das springt, das springt,
so hoch, so hoch.
Da sieht man es, da sieht man es,
gar nicht!
Sophia, 10 Jahre

Ganz anders mutet dieser Text an. Er ordnet sich nicht in übliche, pragmatische Verwendungsmuster von Geschriebenem ein. Sophia beschreibt weder vordergründig Aspekte ihres täglichen Erlebens, noch konstruiert sie in erster Linie fiktive Gegenwelten zu ihrer Realität. Auch wenn natürlich Momente von Fiktionalität das Gedicht prägen, stehen sie nicht als gestaltende Aspekte im Mittelpunkt des Schreibaktes; sind sie nicht der Anlass der Konstruktion von Bedeutungen mithilfe von Sprache. Vielmehr ist es das Spiel mit der Sprache, das den Text hervorbringt. Sophia konstruiert, indem sie schreibt, ein Gebilde, das erst im Zusammenspiel seiner unterschiedlichen Dimensionen zu wirken beginnt. Wäre der Text nur seiner inhaltlichen Gestaltung wegen wirksam, hätte Sophia auch folgenden Satz schreiben können: „Ein weißblaues Huhn springt so hoch, dass man es nicht mehr sehen kann!"

Wie arm nähme sich diese Gestaltung aber neben dem oben zitierten Text aus. Dass hier die Wirkung des Textes vollständig verloren ginge, liegt auf der Hand. Und sie träfe auch nicht den poetischen Kern des Textes, der nicht inhaltlich, sondern, wie bereits angedeutet, eben von seiner Mehrdimensionalität der sprachlichen Wirkung her zu bestimmen ist. Sophia hat wahrscheinlich eher intuitiv als bewusst ein Spiel mit den Wörtern aufgenommen, das besonders auch seiner sprachlichen Gestaltung wegen wirkt. Dabei wird die an dieser Stelle grammatisch unzulässige Verkürzung beziehungsweise die adverbiale Verwendung des Adjektivs in der ersten Zeile „Das weißblau springende Huhn" zum überraschenden Einstieg, der eher metrisch als sinnorientiert die Aufmerksamkeit bündelt und weniger ein Nachdenken über das Wahrgenommene als ein Einlassen auf das inszenierte Arrangement anregt. Die Verdoppelung in den folgenden Zeilen ist inhaltlich nicht notwendig, schafft aber Räume des Verweilens, da der Deutung des Gehörten und dem Aufbau innerer Bilder mehr Raum gegeben wird. So wirkt auch die Pointe überraschender, weil sie nicht nur inhaltlich das irritierende Moment ausmacht, sondern auch sprachlich und rhythmisch neuartig wirkt. Die Orientierung der Sprachgestaltung an einer wie auch immer gearteten Aussageabsicht hätte die sofortige Zerstörung der Textwirkung zur Folge. Das Besondere an dem Text ist eben das Befremdliche, das ungewöhnliche Spiel mit Wörtern, Bedeutungen, Klängen und so weiter, das zum genüsslichen Aufhorchen einlädt und den inhaltlichen Sinn in den Hintergrund treten lässt.

• • • • • • • • • • • • • • • • • •

Acht Lesarten zu acht verschiedenen Kindertexten

L	– Liebe	Liebe ist komisch, sage ich.
A	– anfreunden	Oder anfreunden mit ihm.
U	– unaufmerksam	Ihn zu lieben wäre auch toll.
R	– rollen	In der Schule war ich unaufmerksam
A	– Andreas	und seine Bilder rollten mir im Kopf herum.
E	– Ehrgeiz	„Der Andreas ist ehrgeizig!"
L	– lahm	„Er ist lahm!"
T	– traurig	„Er würde Laura traurig machen!"
E	– Ehe	„Er wird unsre Ehe zerstören!"
R	– rund	„Er ist so dick und rund!"
N	– nein	„Nein!"

Alexandra, 10 Jahre

Alexandras Text verrät etwas über seine Entstehung. Hier war ein Sprachspiel, das Akrostichon, für die Vorstrukturierung des Textes zuständig. Warum sich Alexandra für die Wörter *Laura* und *Eltern* entscheidet, ist unklar. Die Wörter, die sie findet, scheinen mit Blick auf die dazugehörigen kleinen Texte ausgesprochen wohlüberlegt. Ein scheinbar banales Sprachspiel wird hier zum Anlass für ein verblüffend tiefgründiges Nachdenken über die Welt. Alexandra wählt zur Darstellung ihrer Gefühlslage Sprachbilder, die absolut treffend scheinen – zum Beispiel „seine Bilder rollten mir im Kopf herum". Der pointierte Dialog im zweiten Text erinnert an ein Tischgespräch. Hat es stattgefunden? Am Ende steht das „Nein!" so fest, dass es keinen Widerspruch duldet. Wurde der Schwärmerei damit ein Ende gesetzt? All das bleibt ungewiss.

• • • • • • • • • • • • • • • • • •

Und als ein letztes Beispiel hier noch einmal der schon in Kapitel I zitierte Text:

Mein Tag

Ich bin ein kleiner Grashalm auf einer großen Wiese. Jeden Tag strahlt die Sonne über mir und mein Tag beginnt. Es summen Bienen um mich rum, es laufen Ameisen hin und her. Käfer knabbern an mir herum.
Bricht mich jemand ab, bin ich kein kleiner Grashalm mehr auf einer großen Wiese.
Sophia, 9 Jahre

Sophia beschreibt in ihrem Text die Welt aus der Sicht eines Grashalms. Sie versucht, ihr Umfeld durch seine Augen zu sehen und zu beschreiben. Dem Alltag, der wenig überraschend daherkommt, stellt sie eine Gefahr gegenüber, der sie hilflos ausgeliefert ist. Das Bild lässt einige persönliche Bedeutung vermuten. Der Grashalm in seiner Schwäche wird zum Symbol für ihre eigene Verletzlichkeit.

In der dichten und pointierten Beschreibung wird die Angst für mich als Leser fast körperlich spürbar. Diesen Effekt erzielt Sophia, indem sie sich die Wirkung der Sprache zunutze macht. Das ereignislose, fast eintönige Stimmungsbild kontrastiert der letzte Satz als krasser Gegenpol. Formal ist er eine variierte Wiederholung des ersten Satzes. Diese Parallelität schafft Vertrautheit, die dem Gegensatz der Verneinung umso pointierter zur Wirkung verhilft.

Sicherlich ist diese Sprachgestaltung kein bewusster Akt Sophias. Kann er dennoch als Stärke des Textes ins Feld geführt werden? Ich denke schon, denn auch wenn der Parallelismus des ersten und des letzten Satzes nicht bewusst gestaltet wurde, so ist gerade der letzte Satz doch eine außergewöhnliche und untypische Variante der Einleitung. Denn für das assoziative Schreiben von Kindern wäre die konjunktionale Verknüpfung mit dem vorherigen Satz – also: „Wenn mich jemand abbricht …" – naheliegender. Der Verzicht auf die Konjunktion *wenn* verdichtet das Satzgefüge und wirkt auch inhaltlich zuspitzend. Denn während das *wenn* noch klar auf den Konjunktiv verweisen würde, ist der Satz so stärker in der Wirklichkeitsform gehalten.

Zum Abschluss

Jeder dieser acht Texte ist ein unverwechselbares Zeugnis eines kindlichen Schreibaktes. Jeder der Texte verrät uns staunenden Lesern etwas darüber, wie Kinder ihre Welt wahrnehmen, wie sie ihr mithilfe ihrer Fantasie eine Bedeutung zumessen und wie sie diese Bedeutungen in der (Schrift-)Sprache in eine beständige Form bringen. Eine Form, die sie für andere erkennbar und verstehbar werden lassen und die die Produkte des kindlichen Schaffensprozesses sowohl als gänzlich subjektive als auch als kulturelle Objekt offenbaren.

Lehrer und Lehrerinnen stehen vor der Herausforderung, neue und vielleicht auch andere als die bisher üblichen Wege zu finden, die Leistungen der Kinder angemessen zu würdigen.

Das vorliegende Buch möchte dazu einen Beitrag leisten. Es zeigt an konkreten Beispielen, wie Kinder zum Schreiben verlockt werden können, wie ihnen ein Raum geöffnet werden kann, in dem sie sprachlich und gestalterisch experimentieren und sich dabei selbst entdecken können.

Wir haben uns bemüht, den Kindern aufmerksam zuzuhören und sind immer erwartungsvoll und neugierig auf das gewesen, was am Ende der Schreibszenarien gemeinsam präsentiert werden konnte. Dieser Raum der Anerkennung und Würdigung ist immens wichtig. Nicht eine Zensur, aber ein angemessenes Echo, eine Würdigung der kindlichen Leistungen müssen die Arbeit abschließen.

In der gemeinsamen Freude über das Erreichte, dem Staunen über das so noch nie gehörte, nun aufgeschriebene Wort, das vergnügliche Sprachspiel, das gestaltete Buch, kann eine Schriftkultur wachsen, an der beide teilhaben und die beide gleichermaßen gestalten: Lehrende und Lernende, Kinder und Erwachsene.

Anmerkungen

1 Vgl. Mira Sack: Inszenierung. In: Gerd Koch, Marianne Streisand (Hrsg.): *Wörterbuch der Theaterpädagogik*. Berlin: Schibri, 2003, S. 141–143.
2 Eva Maria Kohl: *Schreibspielräume. Freies und kreatives Schreiben mit Kindern*. Seelze-Velber: Kallmeyer, 2005.
3 Peter Friedemann (Hrsg.): *Der neue Lehrplan für die sächsischen Volksschulen*. Leipzig: o.V., 1913, S. 43.
4 Reinhard Fatke: Kinder erfinden Geschichten – und was man daraus lernen kann. In: *Die Grundschule* 12/1981, S. 525.
5 Gerhard Sennlaub: *Spaß am Schreiben oder Aufsatzerziehung*. Stuttgart: Kohlhammer, 1998, S. 15.
6 Gundel Mattenklott: *Literarische Geselligkeit – Schreiben in der Schule. Mit Texten von Jugendlichen und Vorschlägen für den Unterricht*. Stuttgart: Metzler, 1979.
7 Fritz Gansberg: *Produktive Arbeit. Beiträge zur neuen Pädagogik*. Leipzig: Dürr'sche Buchhandlung, 1909, S. 55.
8 Vgl. Neil Postman: *Das Verschwinden der Kindheit*. Frankfurt/Main: Fischer, 1983.
9 Projektidee und Durchführung mit Katharina Bäse, Jakob Runte und Caroline Roihl.
10 Verwendet werden die 75 Türfotos des Schreib-und Erzählspiels von Eva Maria Kohl: *Vor und hinter der Tür. Ein Erzähl- und Schreibspiel*. Seelze-Velber: Kallmeyer, 2005.
11 Vgl. Donald W. Winnicott: *Vom Spiel zur Kreativität*. London: Cotta, 1971.
12 Gianni Rodari: *Die Grammatik der Phantasie. Die Kunst, Geschichten zu erfinden*. Leipzig: Reclam, ^{2}1999, S. 21.
13 Gundel Mattenklott: *Ringgespräche Nr. 62: Literarische Improvisation*. Quelle: http://www.impro-ring.de/download/ringgespraech_62.pdf (recherchiert am 18.02.2010).
14 Vgl. Eva Maria Kohl: *Schreibspielräume. Freies und kreatives Schreiben mit Kindern*. Seelze-Velber: Kallmeyer, 2005.
15 Zitiert nach: Sabine Friedrichson, Hans Christian Andersen: „Das Leben ist das schönste Märchen, denn darin kommen wir selber vor." Weinheim und Basel: Beltz und Gelberg Verlag, 2005, o. S.
16 Mechthild Dehn: *Text und Kontext. Schreiben als kulturelle Tätigkeit*. Berlin: Kamp/Volk & Wissen, 1999, S. 36.
17 Gianni Rodari: *Die Grammatik der Phantasie. Die Kunst, Geschichten zu erfinden*. Leipzig: Reclam, ^{2}1999, S. 34.
18 Eva Maria Kohl: *Schreibspielräume. Freies und kreatives Schreiben mit Kindern*. Seelze-Velber: Kallmeyer, 2005, S. 30.
19 Artikel „Arthur Schopenhauer" in: Otto F. Best: *Handbuch literarischer Fachbegriffe – Definitionen und Beispiele*. Frankfurt/Main: Fischer, 1983.
20 Eva Maria Kohl: *Schreibspielräume. Freies und kreatives Schreiben mit Kindern*. Seelze-Velber: Kallmeyer, 2005, S. 81
21 Toni Geiling: *Gedanken wollen fliegen*. Kinderlieder-CD. Halle, 2005. Bezugsmöglichkeit: http://www.kinderlieder.tonigeiling.de.
22 Kaspar H. Spinner: Kinder und Lyrik. Ein Plädoyer für ästhetische Bildung. In: *Die Grundschulzeitschrift* 128/1999, S. 6.
23 Giorgio Agamben: *Idee der Prosa*. Frankfurt/Main: Suhrkamp, 1987, S. 119.
24 Paul Valery: *Zur Theorie der Dichtkunst*. Frankfurt/Main: Suhrkamp, 1987, S. 26.

25 Vgl. Kaspar H. Spinner: Identitätsgewinnung als Aspekt des Aufsatzunterrichts. In: Kaspar H. Spinner (Hrsg.): *Identität und Deutschunterricht*. Göttingen: Vandenhoeck + Ruprecht, 1980. S. 67 ff.
26 Fritz Gansberg: *Produktive Arbeit. Beiträge zur neuen Pädagogik*. Leipzig: o. V., 1909, S. 47.
27 Gudrun Spitta: Aufsatzbeurteilung heute: Der Wechsel vom Defizitblick zur Könnensperspektive (II). In: *Grundschulunterricht* 5/1999, S. 24.
28 Vgl. Ossip Mandelstam: Über den Gesprächspartner. *Gesammelte Essays I, 1913–1924*. Ammann, 1991, S. 7–16.
29 Vgl. Donald W. Winnicott: *Vom Spiel zur Kreativität*. Stuttgart: Klett-Cotta, 1995.